FETT
NÄPF
CHEN
FÜH
RER

CON
BOOK.

Ulrike Köhler, Jahrgang 1986, verdankt ihre Liebe zu Schottland ihren Eltern. Während alle Berliner Freunde und Klassenkameraden ihre Sommerferien in Spanien und Italien verbrachten, zog es die Familie immer wieder in den Norden und auf die britische Insel. Zwischen einsamen Bergen, alten Burgen, geheimnisvollen Steinkreisen und stillen Lochs fühlten sie sich einfach am wohlsten. Lange vor der Verfilmung von »Outlander« entdeckte Ulrike so ihre Liebe zu Schottland und ihre Faszination für Geschichte.

Mit nachhaltigem Effekt: Fast 20 Jahre später kehrt sie noch immer regelmäßig nach Schottland zurück, reiste alleine mit dem Rucksack durch das schönste Land der Welt und lebte für einige Monate in Inverness. Ihr erstes Buch, »111 Gründe, Schottland zu lieben«, erschien 2015.

Ulrike Köhler lebt inzwischen in Hamburg, wo sie hauptberuflich als Online-Redakteurin bei BRIGITTE.de arbeitet.

SCHOTTLAND

FETTNÄPFCHENFÜHRER

AUF DEM HOLZWEG DURCH DIE HIGHLANDS

ULRIKE KÖHLER

MIX
Papier aus verantwortungsvollen Quellen
FSC® C014496
FSC www.fsc.org

1. Auflage

www.conbook-verlag.de

Textredaktion: Jan Smejkal, Berlin
Einbandgestaltung: Weiß-Freiburg GmbH – Graphik & Buchgestaltung unter Verwendung eines Motivs von © shutterstock.de/Nail Bikbaev
Satz: Röser MEDIA, Karlsruhe
Druck und Verarbeitung: GGP Media GmbH, Pößneck

Printed in Germany

ISBN 978-3-95889-248-4

INHALT

1 SEID IHR NICHT ALLE IRGENDWIE ENGLÄNDER?

SCHOTTLAND, ENGLAND UND DAS VEREINIGTE KÖNIGREICH

»Wow«, seufzt Franziska. Dieses romantisch verwinkelte Haus mit dem gepflegten Kiesparkplatz und der sauber gestutzten Hecke soll für die nächsten elf Monate ihr Zuhause sein! Und einen sympathischen Mitbewohner gibt es gleich noch dazu. Der macht gerade in breitem Hochlandakzent einen Scherz mit dem Taxifahrer, schließt dann schwungvoll den Kofferraum und gibt dem Fahrer durch ein Klopfen auf die Heckklappe zu verstehen, dass er losfahren könne. Das kennt Franziska sonst nur aus dem Kino, und sie findet es auf Anhieb charmant.

Und als wäre das noch nicht genug, schnappt sich Paul gut gelaunt ihre drei Koffer und führt sie dann in das Haus, als wäre sie eine alte Bekannte – und nicht seine neue Mitbewohnerin, die er erst vor drei Wochen per E-Mail kennengelernt hat. Die Anzeige in der Wohnungsbörse war Franziska gleich so sympathisch erschienen, dass sie plötzlich gar keine Angst mehr davor gehabt hatte, München zu verlassen und für einige Monate nach Inverness, im hohen Norden Schottlands, zu ziehen. Sie und Paul hatten ein paar E-Mails hin- und hergeschrieben und waren sich dann ziemlich schnell einig geworden: Während sie an einer Studie am Krankenhaus von Inverness arbeitete, würde Franziska hier, bei Paul und zwei weiteren Mädchen, wohnen. Als sie nun die vielen Fotos von fernen Reisen und Menschen aus aller Welt an der Wand sieht, wird ihr klar: Paul ist einfach so ein Mensch: herzlich, offen, einladend – eben der beste Mitbewohner, den man sich nur wünschen kann, wenn man allein in einem fremden Land ist. Wie um das zu beweisen, hievt er gerade ihre Koffer die schmale Treppe hinauf in den ersten Stock und zeigt ihr das kleine Erkerzimmer mit Blick auf die Straße und das kuschelige Inverness, das sich vom Fuß des Hügels bis zur Meerenge erstreckt. Hier also wird sie wohnen.

Unten, in der großen Küche, ist bereits eine Mitbewohnerversammlung im Gange, um die Neue zu begrüßen. Paul stellt ihr Liesbeth vor, eine niederländische Englischlehrerin mit einem täuschend echten (und deshalb nur schwer verständlichen) schottischen Akzent, und deutet dann auf die rothaarige Fiona, die gerade *shortbread* auf einer Platte anrichtet, während Paul den Tee aufgießt. »Fiona kommt von Barra«, erklärt er, und als Franziska fragend die Augenbrauen hochzieht, ergänzt er: »Eine Insel im Westen. Sie spricht fließend Gälisch.«

Fiona lächelt gewinnend, wobei sie wirklich hinreißend aussieht mit ihrer hellen Haut und den strahlenden, grünen Augen. Leise sagt sie: »*Mìle fàilte!* Das heißt: Tausendmal willkommen.«

Franziska ist begeistert vom melodischen Klang ihrer Worte und von dem Singsang ihrer Stimme. »Was heißt ›danke‹ auf Gälisch?«, fragt sie, begierig, mehr davon zu hören.

»*Tapadh leat!*«, sagt Fiona lächelnd und reicht Franziska den Teller mit dem *shortbread.*

»Tapalat«, wiederholt Franziska, was alle zum Lachen bringt. Ein wohlwollendes Lachen zum Glück. Selig beißt Franziska in das mürbe Gebäck, schlürft ihren Tee und beantwortet die neugierigen Fragen ihrer neuen Mitbewohner.

»Ich finde es wunderbar, mit Einheimischen zusammenzuwohnen«, seufzt sie schließlich. »Ich hatte schon Angst, dass ich gar keine Engländer kennenlernen würde.«

Liesbeth prustet los, schlägt sich dann aber überrascht die Hand vor den Mund und sieht betroffen zu Paul und Fiona hinüber.

»Wir sind keine Engländer«, sagt Paul sanft und geduldig, als spreche er mit einem Kind. Fiona wirkt weniger geduldig, und sanft schon gar nicht.

Schlagartig wird sich Franziska der Tatsache bewusst, dass sie einen Fehler gemacht hat und in Fionas Gunst von einer Sekunde zur nächsten beträchtlich gesunken ist. »Es tut mir leid, ich wollte nichts Falsches sagen.«

Paul lacht. »Weißt du, diesen Fehler machen wirklich viele Menschen. Und Fiona hier weiß das eigentlich auch.« Fast brüderlich knufft er das Mädchen in die Seite und fordert sie mit einem Nicken auf, sich einen Ruck zu geben.

»Deswegen ist es aber trotzdem nicht weniger falsch«, gibt Fiona zurück. Doch selbst wenn sie schmollt, sieht das bei ihr irgendwie wunderschön aus.

Schottland ist nicht England – wirklich nicht!

Zugegeben: Man würde nicht denken, dass auf so einer kleinen Insel Platz für so viel Durcheinander wäre, aber es ist tatsächlich so. Schottland ist nicht England, genauso wenig, wie England Großbritannien ist. Das sollten Sie stets im Hinterkopf behalten! Schließlich sind die Bezeichnungen Großbritannien, Vereinigtes Königreich und Schottland historisch mit zahllosen Kriegen, Schlachten, Niederlagen, mit Unterdrückung durch die Engländer, zähen Verhandlungen und harten Verträgen belastet. Es ist also nur verständlich, wenn sich die Schotten, die jahrhundertelang für ihre Unabhängigkeit kämpften, gekränkt fühlen, wenn man sie mit Engländern über einen Kamm schert. Grund genug, etwas genauer hinzusehen, bevor Sie das erste Mal nach Schottland reisen. Denn dieses Fettnäpfchen lässt sich tatsächlich ganz leicht umgehen.

England und Schottland sind zwei separate Länder, die beide Teil des **Vereinigten Königreichs von Großbri-**

tannien sind. Weil die Insel, auf der sie liegen, aber nun einmal so klein ist, sind ihrer beider Schicksale von Anfang an eng verknüpft gewesen. Immer wieder versuchten Herrscher, die beiden Länder zu vereinigen – und immer wieder versuchten die Schotten, sich von England zu lösen. Im Norden der Insel ist das wirklich kaum zu übersehen, denn die Schotten sind ein sehr stolzes Volk mit einem starken Freiheitsdrang, das keine Gelegenheit auslässt, immer wieder auf historische Ungerechtigkeiten hinzuweisen. Die Zeugnisse dieses jahrhundertelang währenden Ringens um die Unabhängigkeit sind bis heute überall zu sehen. Seien es die **Festungsanlagen in Fort William** oder das **Schlachtfeld von Culloden** – viele Sehenswürdigkeiten Schottlands sind in Wahrheit Narben dieser bewegten und nicht selten äußerst blutigen Vergangenheit.

Und auch wenn das schottische **Unabhängigkeitsreferendum 2014** schließlich ein Nein zur Unabhängigkeit Schottlands von England ergab, heißt das doch noch lange nicht, dass sich die Schotten wohl damit fühlen, ein Teil Großbritanniens und in vielen Belangen von London abhängig zu sein. Was diese Abhängigkeit für Schottland bedeuten kann, hat in jüngster Zeit der **Brexit** gezeigt – große Teile der schottischen Bevölkerung stimmten gegen den Austritt aus der EU. Es sei inakzeptabel, dass Schottland gemeinsam mit England aus der EU austrete, obwohl die schottischen Wähler mehrheitlich für den Verbleib in der Union gestimmt hätten, sagte damals die Erste Ministerin Schottlands, Nicola Sturgeon. Ob es deshalb ein neues Referendum über die Unabhängigkeit gibt, ist derzeit noch unklar.

DIE WECHSELHAFTE GESCHICHTE VON SCHOTTLAND UND ENGLAND

Das 843 gegründete Schottland war jahrhundertelang ein vollkommen **unabhängiges Königreich**, bis es 1603 von der englischen Krone in deren Reich eingegliedert und fortan in Personalunion mit England regiert wurde. Zuvor hatten bereits zahlreiche englische Könige versucht, das Königreich im Norden zu unterwerfen – vergeblich, denn die Schotten wehrten sich mit aller Macht. Man denke nur an William »**Braveheart**« Wallace, der während der **Schottischen Unabhängigkeitskriege** im 13. Jahrhundert die schottischen Truppen in der Schlacht von Stirling Bridge zum Sieg führte und Schottland für weitere Jahrhunderte die Unabhängigkeit sicherte – bis es Elizabeth I. dann zu Beginn des 17. Jahrhunderts mit einem Trick gelang, England und Schottland unter einer Krone zu vereinen. Sie, selbst kinderlos, vererbte die englische Krone ganz einfach an ihren Ziehsohn, Jakob IV. von Schottland, den Sohn ihrer Erzfeindin **Maria Stuart,** der damit 1603 auch Jakob I. von England wurde.

Es dauerte allerdings bis 1707, bis aus beiden Ländern schließlich das **Königreich Großbritannien** wurde, zu dem neben Schottland übrigens auch Wales gehört. Dass die Schotten darüber nicht sehr glücklich waren, kann man sich denken – und auch, dass sie dagegen rebellierten. In den **Jakobitenaufständen** 1715 und 1745/46 versuchte man, dem alten schottischen Adelsgeschlecht der Stuarts wieder zum schottischen Thron zu verhelfen und Schottland seine Unabhängigkeit zurückzugeben. Mit fatalen Folgen: In der **Schlacht bei Culloden** am 16. April 1946 erlitten die Schotten die finale, vernichtende Niederlage. Bonnie Prince Charlie führte damals eine 5.000 Mann starke Armee, die überwiegend aus ausgezehrten, ausgehungerten, schlecht ausgerüsteten Highlandern bestand, in eine Schlacht gegen die aus 9.000 Mann bestehende englische Übermacht unter der Führung des Herzogs von Cumberland. Die Schlacht dauerte nur wenige Minuten, doch etwa 1.250 Highlander verloren dabei ihr Leben. Die Überlebenden wurden gefangen genommen, viele von ihnen hingerichtet, ihre Familien wurden bestraft und die Highlands als Ganzes auf brutale Art und Weise unterworfen. *Tartans* und Kilts wurden verboten, ebenso wie die gälische Sprache und der Dudelsack. Während der folgenden ***Highland Clearances*** wurden die alten Clans von ihrem angestammten Land vertrieben, um Platz für Schafe und Weidewirtschaft zu machen. Die schottische Kultur wurde an den Rand des Aussterbens getrieben – bis **Queen Victoria** Mitte des 19. Jahrhunderts, inspiriert durch die Romane von Sir Walter Scott, eine Schwäche für diese Kultur entwickelte und alles, was schottisch war, in der Romantik eine neue Blütezeit erlebte.

Politisch änderte sich am Status Schottlands allerdings nichts, obwohl der Ruf nach einer eigenen schottischen Regierung ab den 1920er-Jahren immer lauter wurde. Erst 1997 wurde, nach beinahe 300 Jahren, erstmals wieder ein schottisches Parlament gewählt. 2014 stimmte Schottland über die **Unabhängigkeit von Großbritannien** ab. 55,3 Prozent der Schotten stimmten damals jedoch gegen die Abspaltung. Zu groß war die Angst vor den wirtschaftlichen und ökonomischen Folgen einer Unabhängigkeit – und nicht zuletzt vor einem Ausschluss aus der EU. Umso härter traf es die Schotten deshalb, als sich 2016 eine Mehrheit der Briten für den **Brexit,** den Austritt des Vereinigten Königreichs aus der EU, aussprach. Die Frage, ob das automatisch bedeutet, dass Schottland ebenfalls austreten müsse, ist bis heute noch nicht endgültig beantwortet.

SCHOTTLAND HEUTE – ZAHLEN UND FAKTEN

Einordnung: Landesteil des Vereinigten Königreichs von Großbritannien, seit 1999 mit eigenem Parlament

Lage: Nördliches Drittel der Insel Großbritannien sowie ca. 790 Inseln

Fläche: 78,789 km^2

Einwohnerzahl: ca. 5,4 Millionen (Stand 2017)

Bevölkerungsdichte: 69 Einwohner pro km^2

Hauptstadt: Edinburgh

Sprachen: Englisch, Schottisch-Gälisch und (Lowland-) Scots

Staatsform: Parlamentarische Monarchie

Staatsoberhaupt: Queen Elisabeth II.

Regierungschef: Nicola Sturgeon (SNP – Scottish National Party)

Währung: Pfund Sterling, wobei drei schottische Banken das Recht haben, eigene, schottische Noten zu drucken, die sich optisch von den englischen Pfund unterscheiden

2 TYPISCH, DIESE GEIZIGEN SCHOTTEN!

DIE WAHRHEIT ÜBER GROSSZÜGIGKEIT UND GASTFREUNDSCHAFT

Glücklich lächelnd steigt Franziska die enge Treppe zu ihrem neuen Zimmer hinauf, um auszupacken und sich einzurichten. Elf Monate in Schottland liegen vor ihr, und sie kann es kaum erwarten, so richtig in ihr neues Abenteuer zu starten. Der Raum unter dem Dach ist nicht besonders groß. Typisch britisch, wie Paul ihr schon per E-Mail angekündigt hatte. Das heißt: genug Platz für ein Bett und einen Schrank. Es ist kein Zimmer, das für ein längeres Verweilen gemacht ist. Dafür gibt es in den Gemeinschaftsräumen des Hauses Gelegenheit, wie Paul ihr bereits erklärt hat. In einer WG zu wohnen heißt bei Paul auch wirklich, mit den anderen zusammenzuwohnen – ungewohnt für Franziska, die sich sonst gerne zum Lesen, Serienschauen oder Arbeiten in ihr Zimmer zurückzieht.

Sie hievt gerade den ersten Koffer aufs Bett, um ihre Klamotten im Schrank zu verstauen, als es an der Tür klopft. Paul steckt den Kopf herein und fragt, ob er ihr etwas aus dem Supermarkt mitbringen könne. Franziska verzieht das Gesicht: »Ich weiß noch gar nicht, was ich brauche. Ich muss mir gleich erst mal einen Überblick verschaffen«, sagt sie mit einem entschuldigenden Lächeln, während sie den Blick über ihre Taschen schweifen lässt.

»Weißt du was? Warum gehen wir nicht heute Abend aus und feiern deine Ankunft? Dann musst du nichts kochen und kannst mit dem Einkaufen bis morgen warten. Komm erst mal an.«

Ehe sie etwas erwidern kann, hat Paul die Tür schon wieder geschlossen und ruft, schon auf der Treppe: »Ich lade dich ein. Also keine Widerrede.«

Zwei Stunden später hat Franziska einigermaßen Ordnung in ihr Chaos gebracht, ihr Bett bezogen, den Laptop mit dem WLAN verbunden und ihre Bücher im Regal verstaut. Sie wirft einen Blick in den Spiegel und entscheidet, noch schnell unter die Dusche zu springen und zur Feier des Tages etwas Hübsches anzuziehen. Als sie schließlich in die Küche hinunterkommt, pfeift Paul scherzhaft anerkennend durch die Zähne, schnappt sich die Autoschlüssel und führt sie zur Tür hinaus. Nach einer kurzen Fahrt durch die Innenstadt parkt er seinen alten Mercedes in der Nähe des Inverness Castle und deutet auf die urige Castle Tavern, in deren zwischen zwei Straßen spitz zulaufendem Biergarten an diesem sonnigen Maitag Hochbetrieb herrscht. Paul erkennt auf Anhieb vier Bekannte, stellt ihnen Franziska vor und führt seine neue Mitbewohnerin dann in den ersten Stock, wo es etwas ruhiger ist. »O.k., an deinem ersten Abend in Schottland solltest du etwas typisch Schottisches essen«, entscheidet er. »Lässt du mich auswählen?« Sie nickt dankbar, und er verschwindet nach unten, um an der Bar zu bestellen. So ist das in Schottland üblich, erklärt er ihr. Er kommt mit zwei großen Pints *Ale* zurück und schwärmt von der hervorragenden Bierauswahl des Pubs. Kurz darauf kommt die Vorspeise: *black pudding* mit einem Salat aus frischen Äpfeln. Im ersten Moment gewöhnungsbedürftig, denkt Franziska, findet dann aber doch Gefallen an dem herben Geschmack. Ähnlich geht es weiter: Paul hat *haggis* und *steak and ale pie* bestellt und lässt sie auswählen, welches der beiden Gerichte sie probieren möchte. Mutig entscheidet sich Franziska für das schottische Nationalgericht *haggis*. Als sie schließlich glaubt, platzen zu müssen, kommt die Kellnerin auch noch mit einem unwiderstehlich schokoladig aussehenden Stück *chocolate fudge cake* mit Vanilleeis an ihren Tisch.

Paul entschuldigt sich, um eine weitere Runde *ale* zu holen – und eine Stunde und ein weiteres Pint *ale* später führt er eine satte, glückliche und leicht beschwipste Franziska aus dem Lokal. Als die beiden durch den Biergarten zum Auto zurückgehen, bleibt Franziska plötzlich stehen:

»Halt! Wir haben nicht bezahlt.«

»Habe ich längst gemacht«, sagt Paul und hält ihr galant das Tor auf. Franziska bewegt sich nicht von der Stelle und beginnt, in ihrer Handtasche zu wühlen. Sie nimmt ein paar Scheine aus ihrem Portemonnaie, zählt sie ab und streckt sie Paul entgegen.

»Nein, vergiss es. Ich habe dich eingeladen. Es war mir eine Freude.« Sanft schiebt er die noch immer protestierende Franziska durch das Tor und auf den Parkplatz zu, hinter dem das Castle hell erleuchtet in den Nachthimmel ragt.

»Aber es heißt doch immer, ihr wärt alle so geizig«, murmelt sie müde, als Paul ihr die Autotür öffnet und sie sich ergeben auf den Beifahrersitz sinken lässt.

»Ja, es gibt noch viel, was du über uns Schotten lernen musst«, antwortet Paul mit einem leichten Anflug von Triumph in der Stimme.

Das Vorurteil gegen die geizigen Schotten

Das ist wohl das Klischee, mit dem die Schotten weltweit am meisten zu kämpfen haben – nicht umsonst trägt eine Billigkette für Haushaltsgegenstände den schottisch angehauchten Namen Mäc-Geiz. Dabei kann man sich kaum ein Volk vorstellen, das es weniger verdient hat, als geizig bezeichnet zu werden. Das kann jeder bestätigen, der schon einmal in den Genuss **schottischer Gastfreundschaft** gekommen ist. Was der Schotte hat, das teilt er nur allzu gerne mit seinen Gästen, und zwar ganz unabhängig davon, wie lange oder gut er sie schon kennt. Da es aber genügend Zeiten in der schottischen Geschichte gab, in denen er eben nicht so viel besaß, lernte er, diese wenigen Besitztümer zusammenzuhalten und **nichts gedankenlos zu verschwenden.**

In Anbetracht von Armut und Hungersnöten, die das Land über die Jahrhunderte immer wieder heimsuchten, ein durchaus verständlicher Ansatz, aber leider etwas, das den Schotten bis heute als Geiz ausgelegt wird – und zum Teil Anlass zu bösartigen Scherzen gibt. So heißt es etwa, der Schotte sei so geizig, dass er sich nicht einmal anständige Hosen leisten wolle und stattdessen die Röcke seiner Frau auftrage. Die Unterhose spare er sich dabei auch gleich noch. Oder man sagt über ihn, er spiele nur deshalb den quäkenden Dudelsack, weil er sich das Geld für ein besseres Instrument sparen wolle. Alles üble Verleumdung!

Denn auch wenn Ausnahmen sicherlich die Regel bestätigen, sind die Schotten mit dem, was sie haben, mehr als großzügig. Gastfreundschaft ist in Schottland eine Frage der Ehre und des persönlichen Stolzes. Nichts wäre demütigender für einen schottischen Gastgeber als das Gefühl, er könne es sich nicht leisten, **seinem Gast jeden Wunsch zu erfüllen.** Für diese Momente hält er sein Hab und Gut seit jeher zusammen und dreht dann eben doch den einen oder anderen Penny mehrmals um, bevor er ihn ausgibt. Für ihn gilt der Spruch: Spare in der Zeit, so hast du in der Not. In Zeiten von Finanzkrisen, Brexit und allgemeiner Unsicherheit eigentlich gar keine schlechte Eigenschaft, oder?

WEITERE VORURTEILE IM FAKTENCHECK

Alle Schotten haben rote Haare: Stimmt nicht! Ein Blick auf die Passanten in den Straßen von Edinburgh, Glasgow und Inverness genügt, um das zu erkennen.

Viele Schotten sind stattdessen dunkelhaarig. Das ist Teil ihres keltischen Erbes aus südlicheren Teilen Europas, während die roten Haare auf ihre Wikingervorfahren zurückgehen. Dennoch stimmt es, dass Schottland – nach Irland – die zweithöchste Dichte an rothaarigen Bewohnern aufweist: Wie Maciamo Hay auf eupedia.com schreibt, haben – je nach Studie – zehn bis 25 Prozent der Bevölkerung rote Haare, während es auf der restlichen Welt nur etwa ein bis zwei Prozent der Bevölkerung sind.

Alle Schotten haben schlechte Zähne: Stimmt nicht (mehr)! Es ist wahr, dass Armut und schlechte, sehr zuckerreiche Ernährung über eine lange Zeit hinweg schuld daran waren, dass viele Schotten schlechte Zähne hatten. Man denke nur an den schottischen Energydrink Irn-Bru und frittierte Marsriegel! Doch inzwischen hat es ein Umdenken gegeben: Viele Menschen ernähren sich bewusster und gesünder, und auch in der Gesundheitsvorsorge hat sich einiges getan.

Alle Schotten sind ständig betrunken: Stimmt nicht (ganz)! Alkohol ist ein fester Bestandteil der schottischen Kultur, in guter wie in schlechter Hinsicht. Während Whisky- und Gin-Kenner die edlen Tropfen aus Schottland preisen, gibt es gerade in ärmeren Regionen noch immer viele Probleme durch Alkoholmissbrauch und Alkoholismus. Betrunken zu sein und das auch zu zeigen gehört für viele junge Menschen zu einem klassischen Freitag- und Samstagabend dazu. Dann lassen sie es richtig krachen!

Alle Schotten sind kampfeslustig: Stimmt nicht! Man hat immer William Wallace in *Braveheart* vor Augen, der mit blutverschmiertem Gesicht testosterongeladen die Faust in die Höhe stößt und ein lautes Kriegsgeheul anstimmt. Mit dem schottischen Alltag hat das aber nicht viel zu tun: Im Allgemeinen sind die Schotten sehr friedfertig. Auch wenn der eine oder andere Abend im Pub schon mal in einer Schlägerei enden kann ...

3 ABER DAS KANN ICH DOCH NICHT ANNEHMEN!

DIE HÖFLICHKEIT DES NEHMENS

Möwengeschrei weckt Franziska am Morgen – ein wunderschönes Geräusch, das ihr sofort ein Lächeln aufs Gesicht zaubert. Als Münchnerin kennt sie es sonst nur aus dem Urlaub. Eine milchige Sonne scheint in das kleine Zimmer hinein, und es dauert einen Moment, bis Franziska wieder weiß, wo sie ist. Die Dusche ist gewöhnungsbedürftig, stellt sie wenig später entnervt fest, als sie zähneklappernd neben der Duschkabine steht und gleichzeitig versucht, sich nicht die Hände zu verbrennen: Statt einer Mischbatterie gibt es zwei antik aussehende Wasserhähne, einen für warmes Wasser, einen für kaltes Wasser. Aber so sehr sie sich auch bemüht, es gelingt Franziska nicht, damit eine auch nur einigermaßen erträgliche Wassertemperatur zu erzeugen, unter der es sich länger als ein paar Sekunden aushalten lässt.

Als sie zehn Minuten später mit nassen Haaren in der Küche sitzt, an einer Tasse Tee nippt und »Föhn« auf ihre lange Einkaufsliste setzt, kommt Fiona die Treppe herunter und lächelt wissend. »Na, hast du dich mit der Dusche geprügelt?«

»Ja, und sie hat gewonnen«, antwortet Franziska mit einem gespielten Augenrollen.

»Du kannst übrigens meinen Föhn benutzen. Er liegt unter dem Waschbecken.« Fiona deutet auf Franziskas tropfnasse Strähnen. »Ist nicht gesund, hier mit nassen Haaren herumzusitzen.«

Franziska lächelt und zeigt auf ihre Liste. »Danke, aber ich muss eh ein paar Dinge besorgen, dann kann ich mir auch gleich einen Föhn kaufen.«

Fiona, nun ebenfalls mit einer Tasse Tee in der Hand, fischt eine Scheibe Brot aus dem Toaster und schlendert zum Tisch. »Darf ich mal schauen?«

Franziska schiebt ihr die Liste zu und steht auf, um sich ebenfalls noch einen Toast zu machen. Gegen die Arbeitsplatte gelehnt beobachtet sie Fiona, deren frisch geföhntes dunkles Haar im Licht der einfallenden Sonne glänzt. Irgendwie hat sie etwas Geheimnisvolles an sich, denkt Franziska, kann es aber nicht richtig benennen.

Unterdessen angelt sich Fiona den Stift und streicht beherzt einige Zeilen durch. »Du brauchst dir keine zusätzliche Wolldecke zu kaufen. Du kannst eine von mir haben. In ein paar Wochen brauchst du sie ohnehin nicht mehr.

Glaub mir, unter dem Dach wird im Sommer es ziemlich warm und stickig. Und wozu brauchst du Geschirr? Du kannst doch alles benutzen, was hier in der Küche steht. Spar dir dein Geld lieber für andere Dinge.« Mit zusammengezogenen Augenbrauen unterzieht sie die Liste einer weiteren Inspektion. »Ein Fahrrad? Im Ernst? Hast du den Berg gesehen, auf dem wir wohnen?« Sie lacht. »Mein Fahrrad steht seit sechs Monaten ungenutzt in der Garage. Du kannst es gerne nehmen, das tue ich mir nicht an.« Sie streicht auch das Fahrrad durch und streckt Franziska die Liste zufrieden entgegen. »So, damit kannst du losziehen.« Sie schiebt sich das letzte Stückchen Toast in den Mund, wirft ihre Haare zurück und schnappt sich ihre Tasche. »Heute Abend können wir mal in meinen Kleiderschrank schauen, wenn du willst. Dann sparst du dir die Sportsachen auch noch. Das meiste von meinen Klamotten müsste dir passen. Ich komme ohnehin kaum zum Sport.«

»Danke dir, Fiona, aber das kann ich nicht annehmen.«

»Warum nicht?«, fragt Fiona verwundert. »Es ist doch Blödsinn, dass du dir alles neu kaufst, wenn es hier ohnehin rumliegt. Du kannst mit deinem Geld echt Besseres anstellen.«

Franziska seufzt unglücklich und macht ein hilfloses Gesicht.

»Nimm es einfach an und hör auf, dich zu ärgern«, erwidert Fiona leicht gereizt. »So machen wir das hier nun mal.« Schwungvoll wirft sie sich die Tasche über die Schultern, schlüpft in ihre Sneaker, ohne die Schnürsenkel zu öffnen, und winkt Franziska noch einmal kurz zu, bevor die Tür ins Schloss fällt. Franziska blickt noch immer zögernd auf ihre Liste, faltet sie dann zusammen und schiebt sie ergeben in ihre Hosentasche. Bevor sie loszieht, will sie sich jetzt wenigstens noch die Haare föhnen.

Nehmen ist höflicher als Geben

Es mag uns höflich erscheinen, etwas abzulehnen, das uns – wie wir meinen – nur aus reiner Höflichkeit angeboten wurde, insbesondere dann, wenn wir die andere Person kaum oder gar nicht kennen. Im Falle der schottischen Gastfreundschaft liegen wir damit jedoch falsch. Es ist sogar, im Gegenteil, sehr unhöflich, konsequent und nur aus Prinzip das abzulehnen, was ein Schotte einem großzügig anbietet. Kein Wunder, sagt der Schotte doch in Wahrheit mit seinem Angebot: »Ich habe genug, ich kann es mir leisten, zu teilen, es tut mir nicht weh.« Dahinter steckt naturgemäß immer auch ein kleines bisschen Stolz. Und was antworten wir ihm mit unserer vermeintlichen Höflichkeit? »Ich habe so meine Zweifel daran, dass du das noch entbehren kannst. Du hast ja für dich selbst kaum genug.« Ein Schlag ins Gesicht für einen stolzen Schotten, der die **Unantastbarkeit der Gastfreundschaft** schon mit der Muttermilch aufgenommen hat. Anzunehmen, was **ohnehin vorhanden** ist oder vom Besitzer **zurzeit nicht genutzt wird,** ist keine Schande. Im Gegenteil: Sie geben Ihrem Gastgeber damit ein gutes Gefühl.

Nur sollte man diese Bereitschaft zu teilen und zu geben nicht ausnutzen. Auch darauf reagieren Schotten – verständlicherweise – empfindlich. Es vermittelt ihnen das Gefühl, dass man sie für gutgläubig hält und meint, ihnen auf der Nase herumtanzen zu können. Es ist schon historisch bedingt, dass Schotten dieses Gefühl nicht besonders zu schätzen wissen, und menschlich ohnehin nur allzu verständlich.

Es gilt also, das richtige Maß zu finden, wenn man in Schottland ist. Nehmen Sie das an, was Sie tatsächlich benötigen, und zeigen Sie sich **aufrichtig dankbar** – vielleicht ja sogar, indem Sie das nächste Mal einspringen, wenn Sie irgendwie aushelfen können. Eine scheinbar grundlose Weigerung, ein freundliches Angebot anzunehmen, vermittelt hingegen den Eindruck, Sie seien selbst ein knausriger Mensch – und das kommt hier nicht ganz so gut an.

HÖFLICHKEIT IN SCHOTTLAND

- **Lieber zu höflich sein als unhöflich:** »*Thank you*«, »*please*« und »*sorry*« können in Ihren Sätzen gar nicht oft genug vorkommen. Das geht schon beim Einkaufen los und gilt auch bei Gesprächen mit Freunden und Bekannten.
- **Hände schütteln reicht vollkommen aus:** Körperkontakt mit (beinahe) Fremden ist Schotten eher unangenehm. Es reicht, sich die Hand zu geben und dabei entspannt »*How do you do*« zu sagen. Umarmungen sind nicht besonders beliebt, bevor man sich gut kennt.
- **Mit direkten Äußerungen zurückhalten:** Schotten sprechen eher selten Klartext. Was sie wirklich sagen wollen, verstecken sie häufig hinter höflichen, indirekten Aussagen. Ton und Gesichtsausdruck können Ihnen aber dabei helfen, zu verstehen, was sie wirklich sagen wollen.

- **Augenkontakt halten:** Schotten wissen es zu schätzen, wenn man beim Sprechen Augenkontakt hält und nicht in der Gegend herumschaut.
- **Pünktlichkeit ist ein großer Pluspunkt:** Pünktlich zu sein ist in Schottland eine Frage des Anstands und Respekts. Geben Sie sich also Mühe, zur verabredeten Zeit vor Ort zu sein oder informieren Sie die andere Person rechtzeitig.
- **Vordrängeln ist ein Tabu:** Briten sind im Allgemeinen sehr geduldig, wenn es darum geht, in Schlangen anzustehen und zu warten. Wer sich vordrängelt, begeht schon beinahe ein Sakrileg. Warten hingegen ist für die Schotten ein weiteres Zeichen von Respekt.
- **Trinkgeld ist fast überall gerne gesehen:** In Restaurants und Cafés werden üblicherweise zehn bis 15 Prozent Trinkgeld erwartet. In Pubs bestellt man in der Regel an der Bar, weshalb das Trinkgeld entfällt.

4 EINEN CAPPUCCINO MIT SOJA-MILCH, BITTE!

DIE TIEFE BOTSCHAFT HINTER EINER TASSE TEE

Ihren ersten Samstagabend in Inverness verbringt Franziska mit ihrer niederländischen Mitbewohnerin Liesbeth und ihrem bunt gemischten Freundeskreis aus aller Welt im Hootananny, einem gemütlichen, rappelvollen Pub mit Livemusik in der Innenstadt. Neben einem Argentinier lernt sie dabei auch einen jungen Ingenieur aus Israel, eine Spanierin und einen Hubschrauberpiloten aus England kennen. Als es zur *last round* läutet, brechen Liesbeth und Franziska auf, um noch ein Taxi zu erwischen, bevor die Massen gleich auf die Straßen strömen. An ihrer Zimmertür findet Franziska einen Zettel in kaum leserlicher Handschrift von Paul vor, auf dem gerade so »sunday roast @ my mom's« zu entziffern ist. Sie nimmt den Zettel mit ins Zimmer und beschließt, Paul erst morgen danach zu fragen. Aus seinem Zimmer kann sie die Stimme eines Mädchens hören und vermutet, dass Pauls Freundin Judy bei ihm ist.

Und tatsächlich: Am nächsten Morgen sitzt ein zierliches, sehr hübsches Mädchen mit langen dunkelblonden Haaren am Tisch und streckt ihr fröhlich die Hand entgegen. »Hi, ich bin Judy.« Sie greift schon zur Teekanne und einer frischen Tasse, als Franziska dankend abwinkt und sich einen Instant-Cappuccino zusammenrührt. Es gibt noch warme *scones* und Toast, aber Judy warnt gut gelaunt: »Lass auf jeden Fall noch Platz im Bauch. Pauls Mum kocht immer viel zu viel – und es schmeckt soooo gut.« Genießerisch verdreht sie die Augen und schiebt sich den letzten Bissen ihres *scone* mit Erdbeermarmelade in den Mund. Wie dieses schlanke Mädchen plant, auch noch die versprochenen Essensmengen zu verdrücken, ist Franziska jetzt schon ein Rätsel.

»Ist das Sonntagsessen eine Familientradition?«, fragt sie zögernd.

»Ja, Pauls Mum lädt die WG gerne am Sonntag zum Essen ein. Damit wir alle was Ordentliches in den Bauch bekommen.« Sie zwinkert schelmisch und beißt krachend von einer frischen Scheibe Toast ab. »Sie leitet ein *B&B* draußen in Culloden. Dort wird's dir bestimmt gefallen.«

Nach und nach schlurfen auch die anderen WG-Mitglieder in die Küche. Während man Liesbeth die Pints von gestern Abend ansieht, sehen Paul und Fiona beide aus wie das blühende Leben. Pauls frisch geduschte gute Laune ist fast ein bisschen anstrengend, als er sie alle in der Manier eines fürsorglichen Familienvaters zur Eile antreibt und dann in sein Auto verfrachtet – Judy noch immer mit einem Toast in der Hand, von dem Franziska nicht weiß, ob es noch dasselbe ist oder schon wieder ein frisches. Dem alten Mercedes jedenfalls tun die Krümel nichts an; er könnte mal wieder eine gründliche Innenreinigung vertragen, wie Franziska findet.

Das *B&B* von Pauls Mutter ist genauso, wie man sich ein schottisches *bed and breakfast* vorstellt: ein kleines Cottage mit einem neuen, langgezogenen Anbau einschließlich Wintergarten und Terrasse, innen plüschig-kitschig eingerichtet, die Regale und Vitrinen voller Familienfotos, auf denen die Männer Kilts tragen und die Frauen elegante Kleider mit einem über die Schulter geschwungenen Schal in den Farben der Kilts. Kissen mit Spitzen und Rüschen liegen dekorativ auf sämtlichen Sitzgelegenheiten, und großformatige Fotos von den Highlands an den Wänden fehlen natürlich ebenfalls nicht. Fasziniert sieht sich Franziska um, während Pauls Mutter Jenny fürsorglich um ihre Gäste herumwirbelt, hier ein *»dear«* verteilt, dort ein *»lovely«* fallen lässt und die personifizierte Gastfreundschaft verkörpert. »So, Franziska, erzähl doch mal von dir«, sagt sie gut gelaunt und setzt sich, ein Tablett balancierend, neben Franziska auf das Sofa. Mit geübter Hand verteilt sie die Tassen auf den Untertassen und beginnt schwungvoll, Tee einzugießen. Gerade noch rechtzeitig kann Franziska ihre Hand über die letzte Tasse halten.

»Für mich nicht, danke. Ich hätte lieber einen Kaffee oder Cappuccino, wenn das möglich ist.«

Vier Augenbrauenpaare schnellen schlagartig in die Höhe. Franziska beißt sich auf die Lippe und will schon zurückrudern, als Jenny – ganz die perfekte Gastgeberin – fröhlich auflacht und schwungvollen Schrittes in der Küche verschwindet. »Natürlich, ich hätte vorher fragen sollen!«

Kein Schottlandbesuch ohne schwarzen Tee!

Selbstverständlich gibt es kein Gesetz, das besagt, dass man in Schottland Tee trinken *muss*. **Schwarzer Tee** – mit oder ohne Milch und/oder Zucker – ist schließlich nicht jedermanns Geschmack. Und dafür haben die Schotten natürlich vollstes Verständnis. Trotzdem sollte man nicht unterschätzen, welche Bedeutung das Teetrinken für die Schotten hat. Denn tatsächlich gehören sie zu den wohl größten Teeliebhabern der Welt. Und das will, vor allem in Anbetracht der englischen Nachbarn, schon einiges heißen! Die Liebe der Schotten zu ihrem schwarzen Tee begann bereits im frühen 17. Jahrhundert, als die Herzogin von York, eine gewisse Mary of Modena, ihn in Schottland bekannt machte. Innerhalb kürzester Zeit führte die Begeisterung für das Heißgetränk dazu, dass sich abenteuerlustige Schotten aufmachten, mehrere Ozeane zu überqueren, um in Indien und Sri Lanka selbst Tee anzubauen. James Taylor, der »Vater des Ceylontees«, etwa stammte aus Kincardinshire in Schottland und wanderte Mitte des 19. Jahrhunderts nach British Ceylon (in das heutige Sri Lanka) aus, um dort mit den aromatischen Blättern ein Vermögen zu machen.

Spätestens seit dieser Zeit ist das Teetrinken in Schottland so etwas wie eine **Volksbeschäftigung** geworden – wenn auch zunächst nur für diejenigen Teile der Bevölkerung, die sich das Luxusgut leisten konnten. Heute ist Tee in Form von PG-Tips- und Tetley-Großpackungen überall in Schottland günstig erhältlich – und damit ständiger Begleiter im schottischen Alltag. James Lipton sei Dank! Der Unternehmer aus Glasgow war der Erste, der Tee zu erschwinglichen Preisen verkaufte und ihn so zum Must-have in jedem schottischen Haushalt machte. Und so ist es bis heute geblieben. Kein Wunder: Tee bietet **Gesprächsstoff,** gibt den Schotten etwas zu tun, wenn sie Besuch empfangen, und ist überhaupt eine bezaubernde Einleitung für jegliche Form **sozialer Interaktion.** Die Frage, ob man eine Tasse Tee wünsche, ist also so unvermeidlich wie das kurze Plaudern über das Wetter – ebenfalls ein fester Bestandteil schottischer Kultur. Bedenken Sie dabei: Während fast alle Schotten Tee zu Hause haben, dürfte die Bitte nach einem Kaffee den einen oder anderen von ihnen in Verlegenheit bringen. Schon allein deshalb lohnt es sich, dem Getränk aus dem Fernen Osten eine Chance zu geben.

Schnell merkt man dann, dass schwarzer Tee seinen Reiz hat – vor allem dann, wenn man nach einem langen Tag an der frischen Luft in die Unterkunft kommt, sich an der *tea & coffee making facility* des Zimmers bedienen kann und schon der erste Schluck die Lebensgeister wieder aufleben lässt. Das kann im Laufe eines Schottlandurlaubs schnell zu einem liebgewonnenen Ritual werden. Und plötzlich weiß man gar nicht mehr, was man ursprünglich mal gegen *a cup of tea* einzuwenden hatte.

Doch keine Sorge: Jedes Hotel oder *B&B* sorgt dafür, dass auch Kaffeetrinker auf ihre Kosten kommen. Kaffeemaschinen oder wenigstens Instantkaffee gehören zur Standardausstattung einer jeden schottischen Herberge.

DEN *AFTERNOON TEA* IN SCHOTTLAND GENIESSEN

Gönnen Sie sich in Ihrem Urlaub einen klassischen *afternoon tea* und verwöhnen Sie sich so richtig. Das ist dann wirklich nicht der richtige Zeitpunkt, um auf Kalorien zu achten!

Zum *afternoon tea* gehören meistens:

- eine kleine Kanne schwarzer Tee,
- ein Kännchen mit Sahne oder eine Schale mit *clotted cream* (sehr reichhaltige, festere Sahne),
- *scones* mit noch mehr *cream* und Marmelade.

Wahlweise wird der *afternoon tea* durch kleine Sandwichhäppchen, *shortbread,* Früchtekuchen und köstliches Kleingebäck jeglicher Art ergänzt.

Übrigens: Verwechseln Sie den *afternoon tea* nicht mit dem traditionellen *high tea,* wie er in manchen altehrwürdigen Hotels und Restaurants noch angeboten wird! Unter Letzterem versteht man eine komplette Mahlzeit, zu der neben dem Tee zum Beispiel auch ein Gericht mit Fisch oder ein *steak pie* serviert werden. Typischerweise wird der *high tea* zwischen dem späten Nachmittag und dem frühen Abend serviert und ist damit so etwas wie ein zeitiges Abendessen. Deshalb heißt das Abendessen bei manchen Schotten auch *tea.*

5 ES HEISST »MS BAUMGARTNER«, BITTE SCHÖN!

SICH VORSTELLEN UND ANDERE RICHTIG ANSPRECHEN

An Franziskas erstem Arbeitstag bringt Paul seinen alten Mercedes vor dem hässlichen 60er-Jahre-Bau zum Stehen, in dem sich das Krankenhaus von Inverness befindet. Das helle Gebäude mit den vielen flachen Anbauten ist architektonisch gesehen ein Schandfleck in dem hübschen Städtchen, das Franziska bereits liebgewonnen hat. Doch ihre Bedenken gegen diesen Ort sind sofort wie weggewischt, als ihr Emily an der Tür entgegenkommt, eine robuste Frau, vielleicht fünf Jahre älter als sie, mit lauter Stimme und schallendem Lachen. Sie begrüßt Franziska mit einem kräftigen Händeschütteln, wirft über ihre Schulter einen interessierten Blick auf Paul, der in seinem klapprigen Mercedes davonfährt, und führt Franziska dann schwungvoll durch den Haupteingang in den Empfangsbereich des Krankenhauses. Obwohl ein paar Menschen auf schlichten Plastikstühlen sitzen und warten und in einer Ecke zwei Krankenschwestern mit einem Arzt zusammenstehen, ist es überraschend ruhig im Inneren. Emily führt Franziska zielstrebig zum Aufzug, zeigt in alle Richtungen, erklärt ohne Punkt und Komma, wo sich was befindet und wer wo zu finden ist, und vergisst nicht, ihr schon mal den Weg zur Kantine und zum allseits beliebten Snackautomaten zu zeigen. Franziska folgt den wilden Armbewegungen mit den Augen, gibt aber den Versuch, sich auch nur irgendetwas davon einzuprägen, recht schnell auf.

Im fünften Stock verlassen sie den Aufzug auf einem langen Gang, und Emily hält kurz inne. »Jetzt ist es so weit! Wir haben wirklich lange auf dich gewartet«, sagt sie freudestrahlend und stößt die Tür zum Gemeinschaftsraum auf. Der Duft von warmem Toast und Automatenkaffee schlägt ihnen entgegen, und sieben Augenpaare richten sich neugierig auf die Tür. »Hallo zusammen, das hier ist Franziska!« In dem darauffolgenden Begrüßungsdurcheinander bekommt Franziska nicht nur eine Tasse Tee in die Hand gedrückt, sie schüttelt auch sieben Hände und versucht verzweifelt, einzelne Namen aufzuschnappen. »Baumgartner, sehr erfreut«, antwortet sie jedes Mal mechanisch und lächelt, überwältigt von diesem Empfang.

Ehe sie sichs versieht, sitzt sie mit der Tasse in der einen und dem obligatorischen Stück *shortbread* in der anderen Hand am Plastiktisch und versucht, die Fragen ihrer neuen Kollegen zu beantworten.

Zwanzig Minuten später kommt Aufbruchstimmung auf – die Kaffeepause ist vorbei, und die Gruppe verteilt sich auf die diversen Labore auf dem Gang. Emily und Franziska folgen den anderen in die einzelnen Räume, wo weitere Doktoranten, Studenten und Postdocs an Geräten und Computern sitzen und ihr ihre Namen nennen, die Franziska sofort wieder vergisst. »Das ist Peter, er ist erst seit letzter Woche bei uns und arbeitet mit dir zusammen. Und da drüben sitzt Eleanore, sie kannst du immer fragen, wenn du irgendwelche Scans brauchst.«

»Baumgartner, es freut mich sehr«, antwortet Franziska, während sie lächelnd Hände schüttelt, und fängt einen seltsamen Blick von Emily auf. Als sie dazu ansetzt, etwas zu sagen, betritt ein älterer Mann mit grauem Vollbart den Raum und kommt mit weit ausholenden Schritten auf sie zu.

»Ist sie das?«, fragt er Emily und betrachtet Franziska wohlwollend. »Franziska?«

»Ms Baumgartner, ja«, antwortet Franziska.

Emily und der Mann, der wohl der Professor sein muss, tauschen einen irritierten Blick. »Ms Baumgartner«, sagt er dann und macht eine kleine Pause. »Willkommen bei uns im Raigmore Hospital. Ich bin mir sicher, wir werden eine gute Zeit zusammen haben.« Er klopft Emily auf die Schulter und verlässt dann den Raum so schwungvoll, wie er gekommen ist.

»Ms Baumgartner? Ist das dein Ernst?«, fragt Emily, offensichtlich noch immer irritiert.

»Ja, bei uns ist das so üblich.«

»Hier nicht«, lacht Emily herzlich und zeigt auf ihr Namensschild auf dem Kittel, auf dem tatsächlich nur »Emily« steht, wie Franziska erst jetzt bemerkt. Wenige Minuten später trägt sie selbst einen Kittel mit einem Namensschild, auf das Emily einfach nur »Franziska« geschrieben hat.

Entspannt zum Vornamen übergehen

Die meisten Schotten werden sich Ihnen mit ihrem **Vornamen** vorstellen und erwarten das Gleiche auch von Ihnen – für das deutsche Empfinden ist das jedoch oft ein kleines bisschen zu schnell. Das liegt vor allem daran, dass wir hierzulande den Vornamen nur dann verwenden, wenn wir unser Gegenüber auch duzen. Es ist einfach nicht üblich, dass man entfernt Bekannte mit »Torsten, könnten Sie ...« anspricht. Anders im angelsächsischen Raum: Nur weil man jemanden beim Vornamen nennt, heißt das noch lange nicht, dass man sich bereits auf einer Ebene begegnet, die auch ein »Du« erlauben würde (wenn es denn im Englischen eines gäbe). Im Gegenteil: Oft dauert es in Schottland länger, bis Sie die **Ebene des oberflächlich freundlichen Small Talks verlassen** und tatsächlich auf eine **persönliche Ebene** vordringen können. Das gilt vor allem im beruflichen Kontext, wird Ihnen aber auch in anderen Lebensbereichen begegnen. Ihre private **Komfortzone** schützen Briten nämlich mit einer liebenswerten Penibilität, die sie das Gespräch ganz schnell wieder in seichte Gewässer lenken lässt – etwa über das Wetter –, sobald es ihnen zu persönlich wird.

Die Ebene des Vornamens ist hingegen sowohl in Schottland als auch in England in der Regel spätestens beim ersten persönlichen Treffen erreicht. Und ab diesem Zeitpunkt wäre es äußerst unhöflich – und für die Schotten nicht nachvollziehbar –, wenn Sie weiterhin auf Ihren Nachnamen und die **höfliche Ansprache mit »*Mr*« oder »*Ms*«** bestehen würden. Je nachdem, in welchem Bereich oder in welcher Branche Sie sich bewegen, kann die Vornamenebene aber auch schon erreicht sein, bevor man überhaupt ein einziges Wort miteinander gewechselt hat. Das gilt vor allem im Tourismus und ist für die Schotten einfach eine weitere Möglichkeit, ihre **Gastfreundschaft** zum Ausdruck zu bringen. Während Sie sich noch beim Verfassen einer Buchungsmail für ein *B&B* mit »*Dear Mr and Ms*« herumquälen, sind die Schotten in der Regel bereits auf ihrer Website zum Vornamen übergegangen und werden Ihre Mail mit einem fröhlichen »*Dear Franziska*« beginnen und mit einem »*Best regards, Mary and John*« beenden. Hier heißt es: einsteigen und Mary und John ab sofort ebenfalls mit dem Vornamen anreden. Positiver Nebeneffekt: Sie freuen sich gleich noch mehr auf den Besuch, weil Sie bereits das Gefühl haben, zu guten Freunden zu kommen.

Überhaupt entkrampft die Anrede mit dem Vornamen den Umgang miteinander ungemein und macht es leichter, in den von den Briten so geliebten Small Talk einzusteigen. Es gibt sofort eine gewisse **Vertrauensbasis,** auf der man unter Umständen eine gute Beziehung aufbauen kann. Wenn Sie dann auf die höfliche Anrede mit dem Nachnamen beharren, reißen Sie diese Brücke sofort wieder ein und vergeben im schlimmsten Falle die Chance, faszinierende Menschen näher kennenzulernen.

MRS, MISS ODER *MS?*

Sollte es in der schriftlichen Kommunikation doch notwendig sein, Ihr Gegenüber förmlich anzusprechen, geben Sie auf ein großes Fettnäpfchen acht: Unterschied man früher in der Ansprache **verheiratete Frauen** *(Mrs)* und **unverheiratete Frauen** *(Miss),* so ist es heute, im Zuge der Gleichberechtigung, nicht mehr üblich, die Anrede dem Familienstand anzupassen. Stattdessen schreibt man *»Ms«,* ganz egal, ob sie verheiratet ist und nicht. Bei *»Ms«* handelt es sich jedoch nicht um eine Abkürzung für *»Miss«,* wie man vielleicht vermuten könnte, sondern um die Kurzform von *»Mistress«.* So sprach man früher respektvoll die Dame des Hauses an, ledige ebenso wie verheiratete. Im *»Ms«* schwingt also eine Respektsbekundung mit, die bei *»Miss«* vollends fehlt.

Auch in der mündlichen Kommunikation hat die Anrede *»Miss«* nichts mehr zu suchen. Sie ist das englische Äquivalent zu **»Fräulein«** und könnte in vielen Situationen (etwa im Tourismus oder im Service) als abwertend oder sogar diskriminierend empfunden werden. Achten Sie deshalb darauf, auch in der Aussprache einen deutlichen Unterschied zu machen: *»Ms«* wird mit einem stimmhaften s am Ende gesprochen, das wie das Summen einer Biene klingt.

Alleinstehend, also etwa *»Ms, could you please ...«,* wird die Anrede nicht verwendet – immer nur im Zusammenhang mit dem Nachnamen. Benötigen Sie eine Formulierung, um die Aufmerksamkeit von jemandem zu erregen, sagen Sie einfach: *»Excuse me, could you please ...«*

6 I AM VERY GOOD, THANK YOU, BUT ...

DIE GEFÜRCHTETE BEGRÜSSUNGSFLOSKEL

»Franziska, so pleased to meet you. How are you doing?« Fröhlich nimmt Sophie, die Sekretärin des Fachbereichs, Franziska in Empfang und führt sie in ihr Büro, wo sie den Papierkram für die Anstellung in Inverness vorbereitet hat. »Danke, es geht mir gut. Ich bin jetzt schon eine ganze Woche hier und es gefällt mir wahnsinnig gut. Ich habe wirklich nette Mitbewohner, und die Kollegen hier haben mich alle so lieb aufgenommen. In manchen Punkten fällt mir die Umstellung noch schwer, aber das wird sich in den nächsten Tagen und Wochen sicherlich alles einspielen. Nur das Wetter macht mir noch ein bisschen zu schaffen. In München haben wir immer sehr viel Sonne und ein recht

mildes Klima. Das ist hier oben schon ganz anders ...« Sophie nickt geistesabwesend, während sie mit konzentrierter Miene durch einen Stapel Formulare blättert. Hin und wieder huscht ein routiniertes Lächeln über ihre Lippen, und schließlich setzt sie Franziskas Redefluss mit einem resoluten »*Sure. You'll be fine!*« ein Ende.

Franziska beißt sich auf die Unterlippe und nimmt den Papierstapel in Empfang. »Das kannst du gleich ausfüllen, nachdem wir in der Personalabteilung waren. Ich brauche das bis heute Abend zurück. Komm am besten gleich mit!« Schon ist Sophie wieder auf den Beinen und dirigiert Franziska zur Tür hinaus. Ein Stockwerk höher bleibt sie schließlich vor einer Tür stehen und klopft kurz an, bevor sie sie öffnet. »Rose, das ist Franziska aus Deutschland. Sie ist in Berts Team. Hast du schon den Hausausweis fertig?« Rose steht schwerfällig von ihrem Schreibtisch auf und kommt mit einem strahlenden Lächeln auf Franziska zu. »*Franziska, how are you?*« Franziska ergreift die ausgestreckte Hand und freut sich über die Herzlichkeit, die ihr hier überall entgegenschlägt. »Sehr gut, vielen Dank. Ich habe mich schon ganz gut eingelebt und finde Inverness wirklich wunderschön. Alle Menschen sind so nett und hilfsbereit. Ich fühle mich sehr gut aufgehoben. Allerdings muss ich mich erst noch an das Wetter gewöhnen ...« Ein leises Hüsteln von Sophie unterbricht Franziska einmal mehr, und sie blickt irritiert zur Tür, wo die zierliche Frau an den Türrahmen gelehnt steht. »Schön, das freut mich zu hören«, sagt Rose – auf nichts im Speziellen bezogen. Sie verspricht, Franziska anzurufen, sobald der Hausausweis fertig ist, und ehe diese sichs versieht, steht sie wieder neben Sophie auf dem Gang. Die Sekretärin blickt kurz auf ihre Uhr und murmelt dann mit einem erzwungenen Lächeln: »Beim nächsten Mal magst du vielleicht einfach nur ›Gut, danke‹ antworten. Das geht auch.«

Souverän auf *»How are you doing?«* antworten

Es gibt eine Frage, die den meisten Schottlandbesucher aus Deutschland ein Graus ist: *»How are you?«* Diese eigentlich so freundlich gemeinte **Höflichkeitsfloskel** zur Begrüßung kann auch geübte Schottlandurlauber nach Jahren noch ins Schwitzen bringen. Denn: Was antwortet man darauf? Und antworten muss man doch schließlich – oder etwa nicht?

Eines sollte Ihnen von Anfang an klar sein: Ihr schottisches Gegenüber möchte **keine genaue Bestandsaufnahme** Ihrer Befindlichkeit! Man möchte nicht im Detail wissen, wie Sie sich heute fühlen und was Sie derzeit so beschäftigt. In Wahrheit ist vielen Briten wohl gar nicht mehr bewusst, dass es sich bei *»How are you?«* oder *»How do you do?«* um eine Frage handelt, die in der Regel eine Antwort erfordert. Die Floskel kommt ihnen **ohne tieferen Sinn** über die Lippen, könnte aber genauso gut durch ein einfaches *»Hi«*, *»Hello«* oder *»Good morning«* ersetzt werden. Die Bedeutung ist die gleiche.

Diese Interpretation macht den Umgang mit der verhassten Frage, die einem in Schottland zahllose Male am Tag entgegentönt, etwas leichter. Schließlich würde niemand von uns auf »Hi« mit »Danke, es geht mir gut. Heute Nacht habe ich leider etwas schlecht geschlafen, und ich habe leichte Kopfschmerzen, aber jetzt habe ich eine Tablette genommen, und es wird sicher gleich besser«

antworten. Sie können die Frage also entweder **ignorieren** und mit einem einfachen ***»Hi«* oder *»Hello«*** darüber hinweggehen. Oder – das ist etwas souveräner und enttarnt Sie nicht gleich als Touristen – Sie antworten mit *»Fine, how are you?«* (ja, es geht Ihnen wirklich *immer »fine«*, alles andere würde den unangenehmen Moment nur in die Länge ziehen!) oder nur *»How are you doing?«*

Sie werden bemerken, dass kein Schotte das Bedürfnis verspürt, tatsächlich auf diese Frage zu antworten. **Understatement,** das Untertreiben, und das **Treiben an der Oberfläche im Gespräch** sind zwei Dinge, die die Briten im Allgemeinen zur Kunstform erhoben haben. Sich ausführlich zum eigenen Zustand zu äußern wäre ihnen viel zu privat. Bestehen Sie also nicht auf eine Detailanalyse des derzeitigen Befindens und bringen Sie den ungewohnten Gesprächsauftakt einfach schnell hinter sich. Nach einer kurzen Erwiderung dürfen Sie zum **eigentlichen Gesprächsanlass** übergehen oder sich im **Small Talk üben.**

SMALL-TALK-THEMEN, DIE IN SCHOTTLAND IMMER GEHEN

1. das Wetter gestern
2. das Wetter heute
3. die Wettervorhersage für morgen
4. der allgemeine Wettertrend des Sommers/Winters
5. das aktuelle Wetter im Vergleich zum letzten Jahr

6. aktuelle Nachrichten, Sportereignisse, lokale Ereignisse und anstehende Events (setzt voraus, dass Sie sich ein bisschen auskennen und das Gefühl haben, dass sich Ihr Gegenüber dafür interessieren könnte – ansonsten schwenken Sie schnell zurück zu den Themen 1 bis 5)

7 AUTSCH, SO WAS SAGT MAN DOCH NICHT!

DER BALANCEAKT DES BRITISCHEN HUMORS

Die Kantine des Krankenhauses gleicht bereits um zwölf Uhr einem summenden Bienenstock. Franziska ist froh, dass die Kollegen sie gleich am ersten Tag mitgenommen haben und ihr so die Orientierung erleichtern. Während Emily sofort in Richtung Salatbar verschwindet, lässt sich Franziska von den Jungs aus dem Team zur Essensausgabe mitnehmen, wo sie ein blasses Panino mit ein paar Salatblättern, jeder Menge Käse und einer Tüte Walkers-Chips entgegennimmt, dazu einen Pappbecher, den sie sich an der Getränkestation selbst mit Softdrinks auffüllen kann.

So richtig Appetit hat sie nicht, aber es ist eine gute Gelegenheit, die Kollegen kennenzulernen, und sie will ja nicht gleich am ersten Tag zur Außenseiterin werden.

Das ist jedoch gar nicht so einfach, denn nach wenigen obligatorischen Fragen zu Franziskas Arbeit zu Hause, zu ihrem Leben in München und ihren bisherigen Eindrücken von Schottland verläuft das Tischgespräch schnell wieder in den, wie Franziska vermutet, gewohnten Bahnen. Noch immer nicht ganz an den schottischen Akzent und seine kleinen Eigenheiten gewöhnt, versucht sie, der Unterhaltung zu folgen, nur um festzustellen, dass Eleanore und ein junger rothaariger Mann mit dicken Brillengläsern dazu übergegangen sind, einander aufzuziehen. Es scheint, als stamme der Mann aus Glasgow und müsse dafür nicht nur von Eleanore einiges einstecken – auch die beiden fast identisch aussehenden Männer daneben, Jimmy und Sean, wenn sie sich richtig erinnert, klinken sich irgendwann ein. Doch der Rothaarige ist nicht um Antworten verlegen: »Wenigstens trinken wir dort nicht solchen Mist wie ihr hier oben. Würdest du in einem Pub in Glasgow ein Bier mit Zitrone bestellen, würde man dir dort nur sagen: ›Wir bieten keine Cocktails an‹ und dir die Tür vor der Nase zuschlagen. Ihr seid ganz schöne Weicheier hier.«

»Besser als Alkoholiker und Rassisten«, pariert Eleanore gut gelaunt, und Franziska spürt, wie sie zusammenzuckt. Eleanore sieht zu ihr hinüber, doch ihr Gegenüber fordert sofort wieder ihre Aufmerksamkeit.

»Lieber das als solche Geizhälse wie ihr.«

Eleanore lacht auf. »Wo sind wir denn geizig?«

Der Rotschopf lehnt sich zurück. Anscheinend hat er sich eine Pointe zurechtgelegt und ist froh, dass Eleanore ihm direkt ins offene Messer gelaufen ist. »Erst letztens habe ich an einem Golfplatz ein Schild gesehen, auf dem stand, dass die Mitglieder keine verloren gegangenen Bälle aufsammeln und mitnehmen dürfen, solange diese noch rollen.«

Alle lachen, und Eleanore macht ein gespielt betroffenes Gesicht: »Aber die bringen doch 50 Pence das Stück!«, sagt sie scheinbar schmollend, kichert und schiebt sich eine Handvoll Chips in den Mund. Als sie aufblickt und den Ausdruck in Franziskas versteinertem Gesicht sieht, stockt sie erneut: »Alles in Ordnung?«

»Ja«, sagt Franziska zögernd. »Ich habe nur das Gefühl, ich bin euren Umgangston hier noch nicht gewohnt.« Sie lächelnd entschuldigend, doch Eleanore sieht ratlos in die Runde.

»Welchen Ton meinst du?«

»Na ja, was du eben über Leute aus Glasgow gesagt hast. In Deutschland würde man das ziemlich persönlich nehmen.«

»Ach das!«, schaltet sich der Rothaarige ein. »Das ist gar nichts. So vertreiben wir uns nur die Zeit. Harmlose Neckereien, sonst nichts. Aber«, er macht eine kleine Pause und zwinkert ihr zu, »dass ihr Deutschen nicht für euren Humor bekannt seid, das wissen wir ja schon.«

Wieder lachen alle, und selbst Franziska kann sich ein Grinsen nicht verkneifen.

Gebrauchsanweisung für schottischen Humor

Wenn es um Humor geht, müssen sich deutsche Besucher in Schottland warm anziehen. Nicht nur wird ihnen bei jeder sich bietenden Gelegenheit vorgeworfen, vollkommen humorbefreit zu sein, die Witze der Briten gehen auch immer haarscharf an jener feinen Linie entlang, die wir als erträglich betrachten. Die Grenzen zur **Geschmacklosigkeit** sind fließend, so etwas wie Befangenheit gibt es hier nicht – wenigstens nicht, wenn es um Humor geht. Da ist alles erlaubt! Er darf **messerscharf** sein, den **Finger in die Wunde legen** und schreckt im besten Falle nicht davor zurück Schwächen und Unzulänglichkeiten zu **entlarven.** Etwas, das wohl den meisten Deutschen unangenehm wäre, ist nicht nur in Schottland, sondern überall in Großbritannien ein wichtiger Teil des demokratischen Prozesses, wie der britische Satiriker Ian Hislop dem Deutschlandfunk erklärte – und das schon seit Jahrhunderten. Was einst mit Romanen von Jonathan Swift und Alexander Pope begann, setzte sich mit Filmen und Serien von Mr. Bean und Monty Python fort.

Doch es sind natürlich nicht immer nur die großen Comedians, die sich dieser Werkzeuge bedienen. In einem Land, das stolz auf seinen bitterbösen, schwarzen Humor ist, fühlt sich jeder als großartiger Witzereißer. Sie sollten deshalb lernen, die Anzeichen für den Scherz eines Schotten zu erkennen. Wenn Ihnen jemand **brutal, respektlos und direkt** den Spiegel vorhält – sehr wahrscheinlich vorgetragen in einer trockenen Art und Weise, die Sie zusätzlich aus dem Konzept bringt –, hat er vermutlich einen Witz gemacht. **Ironie** ist ebenfalls ein deutlicher Hinweis – aber gerade für Menschen, die nicht so gut Englisch sprechen, oft nur schwer zu erkennen. Manchmal ist aber auch genau das Gegenteil der Fall: Bei ihren Witzen haben die Briten oft einen gewissen Hang zu **Nonsense** und **Skurrilität:** je blöder, desto besser. Wenn Sie sich darauf einlassen, werden Sie merken, wie witzig das sein kann.

Zu guter Letzt sei noch die Paradedisziplin des britischen Humors erwähnt, mit der Sie auch in Schottland immer wieder konfrontiert werden können: **Naziwitze.** Bei den meisten Besuchern aus Deutschland ist spätestens hier Schluss! Wir sind uns einig, dass es hier nichts zu lachen gibt. Ganz anders die Briten: Für sie ist der Zweite Weltkrieg ein schier unerschöpflicher Quell für Witze und fiese Pointen, die im Alltag einen festen Platz haben. Kleine Seitenhiebe, versteckte Spitzen, **Doppeldeutigkeiten** – das können die Briten gut. Dass sie den Zweiten Weltkrieg gewonnen haben, lassen sie gerne und immer wieder in kleine Sticheleien einfließen. Und sie erwarten, dass wir darüber lachen – nicht weil das, was damals passiert ist, lächerlich gewesen wäre, sondern weil unsere verkrampfte Art, damit umzugehen, ihnen eine besondere Freude bereitet. Nicht böse Absicht treibt sie dabei an, sondern die dann doch wieder recht liebenswerte Eigenschaft, sich selbst nicht allzu ernst zu nehmen. Nicht umsonst sind sie zugleich Könige der **Selbstironie** und lachen viel und gerne über sich selbst. Und das erwarten sie auch von anderen. Sogar von den Deutschen.

DER LEGENDÄRE »*YOU STARTED IT!*«-SKETCH

Ein zeitloser Klassiker, der immer und überall gerne zitiert wird, ist diese Szene von und mit John Cleese in der Serie *Fawlty Towers:* Der Hotelbesitzer Basil Fawlty bewirtet Gäste aus Deutschland und lässt dabei – aller guten Vorsätze zum Trotz *(»Don't mention the war!«)* – ständig Anspielungen auf den Krieg fallen.

Als der deutsche Gast ihn schließlich empört auffordert, die Witze zu unterlassen, antwortet Fawlty: »Wieso, Sie haben doch angefangen!« *(»You started it!«)*

»Haben wir nicht!«, ruft der deutsche Gast entrüstet.

»Doch, Sie sind in Polen einmarschiert!«

Für viele Briten ist diese Szene legendär und wird nie ihren Charme verlieren.

Aber keine Sorge: Natürlich muss in Wahrheit niemand befürchten, zum Frühstück neben pochierten Eiern und Speck auch Naziwitze serviert zu bekommen. Wer sich jedoch abseits der ausgetretenen Touristenpfade bewegt und vielleicht engeren Kontakt zu Einheimischen knüpft, sollte sich für diesen Fall schon einmal ein dickes Fell zulegen.

8 DAS GEHÖRT DOCH NICHT IN DIE FRITTEUSE!

FETTGEBACKENES VON *FISH & CHIPS* BIS MARS-RIEGEL

Dass ihr erster Arbeitstag am Krankenhaus von Inverness schon vorbei ist, merkt Franziska erst, als Emily und Eleanore mit ihren Taschen und Jacken an ihrem Schreibtisch auftauchen und gut gelaunt fragen, ob sie noch etwas essen gehen möchte, um ihren Einstand anständig zu feiern. Neugierig darauf, mit wem sie da in den nächsten Monaten zusammenarbeiten wird, sagt sie freudig zu und hängt ihren Kittel in den Spint. Vor der Tür trifft sie die beiden Mädchen, die inzwischen noch weitere Kollegen zum Mitkommen überreden konnten, darunter auch Jimmy und Sean, die Franziska bereits aus der Kantine kennt.

Die Wahl der Gruppe fällt auf das Johnny Foxes, gleich am Ufer des River Ness, unterhalb des Castle. Der Vorteil: Der Laden ist zugleich ein Pub, in dem es abends oft Livemusik gibt, sodass es gerne mal später werden und nach dem Essen das eine oder andere Bier geben darf, wie Emily verschwörerisch grinsend erklärt. Und für alle, die gar nicht nach Hause gehen wollen, öffnen sich anschließend die Türen des angeschlossenen Nachtclubs The Den, in dem weitergefeiert werden darf. Franziska versucht, etwas Unverbindliches zu sagen, schließlich ist es ihr erster Tag mit den neuen Kollegen. Gleichzeitig will sie morgen früh fit sein.

Die Speisekarte im Johnny Foxes ist übersichtlich, die große Auswahl an Frittiertem fällt deshalb umso deutlicher ins Auge. Frittierte Käsebällchen, Kartoffel-Wedges, frittiertes Hühnchen, *fish & chips* – die Auswahl ist groß. Emily deutet auf die *fish & chips:* »Die esse ich hier immer. Sehr lecker. Ansonsten kann ich den *steak & ale pie* empfehlen«, sagt sie und springt schon auf, um die erste Runde Bier zu holen.

»Ich steh eigentlich nicht so auf Frittiertes«, murmelt Franziska und spürt sofort, wie sich mehrere Augenpaare auf sie richten.

»Ähm, du bist hier in Schottland«, sagt Jimmy langsam, als müsse er sie wirklich vorsichtig daran erinnern und sei unsicher, wie sie reagieren würde. »Im Land des frittierten Mars-Riegels.«

»Das ist doch nur eine Legende, oder?«, fragt sie und versucht dabei, wie jemand zu klingen, den man mit solchen Ammenmärchen nicht reinlegen kann.

»Eine Legende? Quatsch! Nessie ist eine Legende; der Mars-Riegel ist knallharte Realität«, antwortet Jimmy entrüstet und nicht ohne einen gewissen Stolz in der Stimme.

Besorgt, einmal mehr ein nationales Heiligtum mit Füßen getreten zu haben, hebt Franziska entschuldigend die Hände. »Es klang so verrückt, ich wusste nicht, dass man Schokolade frittieren kann. Bei uns gehört die eigentlich nicht in die Fritteuse.«

»*Aye,* das geht! Schokolade, Würstchen, Pizza, jedes Gemüse und praktisch jedes Obst, alle Arten von Fisch, Fleisch und Käse – es gibt eigentlich nichts, was man nicht frittieren kann.« Sean, der neben Jimmy sitzt, zieht bedeutungsvoll die Augenbrauen hoch und streicht sich mit einer übertriebenen Geste über den Bauch, als könne er sich auf der Welt nichts Besseres vorstellen.

»Kann man, muss man aber nicht«, mischt sich nun Eleanore entschieden ein und erklärt damit die Diskussion für beendet. »Also, ich nehme die Muscheln, die sind hier immer okay – und garantiert nicht frittiert!«

»Gute Idee«, sagt Sean. »Und eine Portion Pommes zum Teilen dazu?«

Die Wahrheit über den frittierten Mars-Riegel

Herzlich willkommen in Schottland, dem Land des frittierten Mars-Riegels! Wenn Sie das bisher für eine Legende und üble Verleumdung gehalten haben, liegen Sie leider falsch. Denn die Schotten haben tatsächlich eine **Vorliebe fürs Frittieren,** die auch vor Schokoriegeln nicht haltmacht. Der ist natürlich ein Exot und wird inzwischen fast ausschließlich von Touristen bestellt, aber schottische Speisekarten sind voll von Frittiertem.

Das geht schon bei den Klassikern los: Bei ***fish & chips*** wird an Frittieröl ganz sicher nicht gespart, **frittierte Würstchen** sind ein Dauerbrenner, und auch die sogenannten ***Scottish eggs*** kommen erst in die Fritteuse und dann auf den Teller. Bei Letzteren handelt es sich übrigens um hartgekochte Eier im Hackfleischmantel, die paniert und dann frittiert werden. Der ***deep-fried Mars bar*** war da fast eine logische Fortsetzung der schottischen Frittierbegeisterung.

Die Zeiten des großen Hypes hat der legendenumwobene Snack jedoch längst hinter sich. In den schottischen Imbissbuden sind es heute fast nur noch Kinder und Touristen, die nach dem *deep-fried Mars bar* fragen. In den meisten Fällen wird er ohnehin nur dann zubereitet, wenn er explizit bestellt wird; kaum ein Lokal hat ihn tatsächlich auf der Karte stehen. Laut einer offiziellen Untersuchung von David S. Morrison und Mark Petticrew verkauften 2004 nur 22 Prozent aller schottischen *fish-&-chips*-Buden die Kalorienbombe überhaupt. Inzwischen sind es vermutlich noch einmal deutlich weniger geworden. Es kann also nicht im Entferntesten die Rede davon sein, dass es sich hier um ein weit verbreitetes Phänomen handelt.

Schade eigentlich, dass der frittierte Schokoriegel die gesamte Küche des Landes trotzdem so sehr in Verruf gebracht hat. Denn tatsächlich hat gerade die neuere schottische Küche den Gourmets jede Menge zu bieten. Ob zartes **Aberdeen-Angusrind, schottischer Wildlachs, Austern und Hummer** von der Ostküste oder aromatischer **Cheddar von den Orkneys** – die modernen schottischen Köche besinnen sich auf die kulinarischen Schätze ihres Landes und setzen sie innovativ in Szene. Dabei wird oft auf störendes Beiwerk verzichtet und nur angerichtet, was den puren, unverfälschten Geschmack der Lebensmittel unterstreicht. Weniger ist mehr in der neuen schottischen Küche, die sich auch nicht scheut, dafür auf der ganzen Welt nach Gewürzen und Inspirationen zu suchen. Da trifft zartes Lamm von den Shetlandinseln auf Tahini und Harissa aus der orientalischen Küche und Lachs aus schottischen Seen auf indisches Tandoori-Dressing.

Lassen Sie also lieber die Finger von dem frittierten Zeug und probieren Sie sich stattdessen durch die kulinarischen Highlights der schottischen Küche, wann immer sich Gelegenheit dazu ergibt.

DIE ERFINDUNG DES FRITTIERTEN MARS-RIEGELS

Die Geschichte des *deep-fried Mars bar* begann angeblich Anfang der 1990er-Jahre in Aberdeenshire, an der Ostküste Schottlands, wo sich die **Carron Fish Bar in Stonehaven**, unweit des Dunnottar Castle, bis heute damit brüstet, den frittierten Marsriegel erfunden zu haben. Damals litt das ganze Land nach Jahren der Deindustrialisierung unter einer hohen Arbeitslosigkeit, was einen entscheidenden Einfluss auf seine Entwicklung hatte.

Catherine Browne, ehemalige Foodjournalistin, sagte dem digitalen Foodmagazin *Munchies,* die Idee, Schokoriegel zu frittieren, habe viel »mit der **urbanen Verwahrlosung, mit Arbeitslosigkeit und einer selbstzerstörerischen Kultur** in den am schlimmsten betroffenen Gegenden zu tun. Billiges, heißes Essen mit viel Kalorien von der Imbissbude sättigte und spendete Trost.« Diese Zeiten sind zum Glück inzwischen vorbei, doch der Mythos vom frittierten Mars-Riegel hält sich – aller Versuche des Schokoladenherstellers, dies zu verhindern, zum Trotz – bis heute.

9 EIN GROSSES GLAS IRN-BRU PUR, BITTE!

DAS WAHRE SCHOTTISCHE NATIONALGETRÄNK

Kurz nach neun beginnt in der Ecke des Pubs eine Band zu spielen. Für Jimmy und Sean die perfekte Gelegenheit, Franziska für ihre erste *Haggis Bomb* mit an die Bar zu nehmen.

»*Haggis Bomb?* Was soll das sein?«, will Franziska wissen.

Die Jungs zwinkern einander verschwörerisch zu. »Irn-Bru und Jägermeister.«

Jimmys Art, »Jägermeister« auszusprechen, bringt Franziska zum Lachen. »Jäääääägermeister«, sagt sie langsam und betont das »ä«, um ihm die Aussprache zu erleichtern. Nach ein paar Wiederholungen klappt es tatsächlich – und dann stehen auch schon die Shots auf dem Tresen vor ihnen.

Vorsichtig hebt Franziska das Glas an die Nase, nur um sich dann ganz schnell vom Geruch des Inhalts abzuwenden. »Was zum Teufel ist das?«

»Du bist doch Deutsche, das müsste dir schmecken. Ist doch nur Jääääääigermeister mit Irn-Bru.«

»Was ist dieses Irn-Bru?«, fragt sie mit matter Stimme; auch ein zweites Mal daran zu riechen hat das Erlebnis nicht angenehmer gemacht.

»Das schottische Nationalgetränk!«, sagt Sean stolz und wirft sich in die Brust. Er hebt sein Glas, prostet Jimmy zu, als handele es sich dabei um einen Staatsakt, und die beiden Jungs stürzen ihre Shots hinunter.

»Ich dachte, das wäre Whisky.«

»Ach, du liebe, unwissende Besucherin aus dem *Vaterland*«, sagt Sean und legt ihr den Arm um die Schulter. Franziska kann das Irn-Bru-Zeug riechen, als er sie dabei sanft anhaucht. »Whisky kann jeder trinken, aber bei Irn-Bru trennt sich die Spreu vom Weizen!«

Und auch Jimmy stimmt in das Pathos ein: »Du warst nicht in Schottland, wenn du kein Irn-Bru getrunken hast!«

»Okay, okay, ihr habt gewonnen!« Franziska stürzt den Inhalt des kleinen Glases mit einem angewiderten Gesichtsausdruck hinunter und wendet sich dann wie die todesmutige Heldin in einem Actionfilm an den Barkeeper: »Ich nehme ein Irn-Bru, bitte. Ein großes.« Während sie die Münzen aus ihrem Portemonnaie nimmt, staunt sie über sich selbst und schüttelt lachend den Kopf. Die Jungs johlen, und Franziska fühlt sich einen Moment lang schwerelos und unbesiegbar. Das muss am Bier liegen! Als das große Glas Irn-Bru vor ihr steht, verfliegt das Gefühl. Um Zeit zu schinden, nimmt sie es mit an den Tisch, wo

Eleanore und Emily ihr bereits erwartungsvoll entgegensehen. »Und?« Eleanore deutet mit einem Nicken auf das Glas in ihrer Hand.

»Das werden wir gleich sehen«, antwortet Franziska und setzt sich. Widerwillig hebt sie das Glas an die Lippen und nimmt einen vorsichtigen Schluck. »Als würde man an Eisen lecken«, stößt sie angewidert hervor, kaum dass sie ihn heruntergebracht hat, und schüttelt sich. Entschlossen schiebt sie das Glas in die Mitte des Tisches und setzt dazu ein Gesicht auf, das allen sagt, dass Diskutieren hier umsonst ist.

Der richtige Umgang mit Irn-Bru

Wir können es kurz machen, denn es gibt eigentlich nur einen richtigen Umgang mit Irn-Bru: Trinken Sie es nicht! Denn was der frittierte Mars-Riegel für die schottische Küche ist, ist Irn-Bru für die Getränkeindustrie. Es hat nämlich einen sehr guten Grund, warum sich die Schotten damit brüsten, die Einzigen zu sein, die überhaupt in der Lage seien, das Gebräu zu trinken. *»Made in Scotland ... from girders«,* heißt es im Slogan des Softdrinkherstellers, **»in Schottland aus Stahlträgern hergestellt«.** Und tatsächlich schmeckt das Getränk genauso gewöhnungsbedürftig und metallisch, wie schon diese Beschreibung erahnen lässt.

Natürlich enthält Irn-Bru nicht wirklich Stahl, aber immerhin **0,002 Prozent Ammoniumeisenzitrat**. Daher auch sein Name: Er ist eine Verballhornung von *iron brew,* also Eisengebräu. Was sonst noch in der **rostroten Flüssigkeit** enthalten ist – und in welchen Mengen – wissen, der Firmenlegende nach, weltweit angeblich nur drei

10 WIR WÜRDEN GERNE GETRENNT ZAHLEN!

WARUM JEDER MAL EINE RUNDE SCHMEISSEN MUSS

»Zeit, etwas Richtiges zu trinken!«, sagt Emily und stellt ein frisch gezapftes Pint Bier vor Franziska auf den Tisch. Auch für sich selbst und für Eleanore hat sie jeweils ein Glas dabei und sprintet nun zurück zur Bar, um die übrigen Gläser zu holen.

»Na gut, eins noch«, sagt Franziska nach einem schnellen Blick auf die Uhr. Es ist bereits halb elf. Sie hebt das Glas, um mit ihren neuen Kollegen anzustoßen. »Dann muss ich echt ins Bett.«

»Jetzt schon?«, fragt Eleanore und deutet auf die Band. »Glaub mir, die werden echt mit jedem Bier besser!«

Doch für den ersten Abend scheint es Franziska genug. Sie lacht über die Scherze der Kollegen, leert ihr Glas und beginnt dann, möglichst unauffällig in ihrer Handtasche nach dem Portemonnaie zu wühlen.

Plötzlich beugt sich Emily zu ihr herüber und flüstert: »Du kannst jetzt noch nicht gehen.«

Verständnislos schaut Franziska auf und sieht sich um. »Warum nicht?«

»Du kannst nicht gehen ... bevor du nicht eine Runde ausgegeben hast«, rückt Emily schließlich etwas verlegen mit der Sprache heraus. Ihre hochgezogenen Augenbrauen geben eindeutig zu verstehen, dass sie empört darüber ist, das Offensichtliche überhaupt aussprechen zu müssen.

»Oh, ich dachte, ich gebe euch einfach meinen Anteil ...« Franziska kramt weiter in ihrem Portemonnaie und verflucht sich innerlich dafür, dass sie die Münzen immer noch nicht auseinanderhalten kann. Warum ist eine 10-Pence-Münze größer als eine 20-Pence-Münze?

Emily betrachtet sie einen Augenblick lang, lacht dann und schüttelt den Kopf. »Das ist schon wieder so herrlich deutsch von dir! So funktioniert das hier nicht. Jeder gibt eine Runde aus – vor allem, wenn er oder *sie*«, dabei deutet sie auf Franziska, »neu in der Gruppe ist.«

Zwar geht Emilys Stimme in der lauten Musik und den Gesprächen am Tisch fast unter, doch nun ist auch Eleanore aufmerksam geworden. »Du gehst doch noch nicht, oder?«, fragt nun auch sie, doch Franziska antwortet ihr nicht.

»Emily, bitte. Es ist schon so spät. Und«, sie stockt und wirft noch mal einen verzweifelten Blick in ihre Geldbörse, »ich habe auch nicht genug Geld dabei, um alle einzuladen.« Sie zieht eine 20-Pfund-Note aus dem Geldfach, zögert kurz, überschlägt im Kopf, was sie gegessen und getrunken hat, und nimmt noch weitere zehn Pfund aus dem Portemonnaie. »Hier, das sollte genügen. Wir sehen uns morgen. Und ich verspreche: Beim nächsten Mal zahle ich eine Runde!« Ehe noch jemand Widerspruch einlegen kann, schnappt sich Franziska ihre Jacke, klopft dreimal auf den Tisch, winkt in die Runde und drängelt sich dann durch die Menge in Richtung Ausgang.

Runden zahlen – eine britische Tradition

»Wir möchten gerne getrennt zahlen« – das ist ein Satz, den Sie von Schotten ganz sicher niemals hören werden. Es würde ihnen nicht im Traum einfallen, **kleinlich auseinanderzurechnen,** wer was hatte und wer wem wie viel schuldet. Sich wegen ein paar Pfund in die Verlegenheit bringen lassen, am Ende als geizig dazustehen? Auf keinen Fall! Denn auch hier gilt wieder: Was der Schotte hat, das teilt er gerne. Und überhaupt: Ist es nicht viel **geselliger und sympathischer,** nacheinander Runden auszugeben, zusammenzusitzen und gemeinsam zu trinken? So bekommt garantiert im Laufe der Zeit jeder die Gelegenheit, einen Auftritt als Gastgeber der Stunde und **großzügiger Spender** hinzulegen – ein Moment, den sich die meisten Schotten nicht nehmen lassen würden. Sie alle wissen: Wer mit einem voll beladenen Tablett am gemeinsamen Tisch auftaucht, der gewinnt sofort jede Menge Sympathiepunkte.

Den meisten Deutschen hingegen stehen wohl die Haare zu Berge angesichts dieser Tradition. Während sie sich aber aufgebracht fragen, wie denn auf diese Weise sichergestellt werden kann, dass jeder in etwa das Gleiche zahlt, zuckt der Schotte nur entspannt mit den Schultern. Dann ist das eben so: **Heute zahle ich mehr, morgen du.** Lassen Sie sich darauf ein und versuchen Sie gar nicht erst, insgeheim den Kontostand zwischen sich und den anderen im Auge zu behalten. Es wird Ihnen nur als allzu deutsch und kleinlich vorgehalten werden – und kostet Sie mit Sicherheit einiges an Sympathie.

Lassen Sie sich stattdessen auf diese Tradition ein und erfahren Sie so die ganze Großzügigkeit dieses Volkes, die auch im Pub nur sehr wenige Grenzen kennt. Ein schöner Abend mit netten Menschen kann und sollte Ihnen die paar Pfund zusätzlich wert sein, die es Sie im schlimmsten Fall kosten kann.

DIE WICHTIGSTEN PUB-REGELN IM ÜBERBLICK

- Drinks werden an der Bar bestellt. Das gilt auch für Pub-Food und Snacks.
- Es ist unhöflich, einen Drink abzulehnen, wenn Sie einen angeboten bekommen.
- Es gilt als genauso unhöflich, keine Runden für die anderen auszugeben, wenn man selbst eingeladen wurde.
- Im Pub wird kein Trinkgeld erwartet.
- Die meisten Pubs schließen zwischen 23 und 1 Uhr. Wenn es zum *last call* läutet, sollte man das letzte Getränk bestellen und sich dann auf den Heimweg begeben.

11 ICH BRAUCHE KEIN »*BUY 1, GET 1 FREE*«!

WEGWEISER DURCH DEN SUPERMARKT-DSCHUNGEL

»Ich fahre bei dir um die Ecke zum Einkaufen, brauchst du was?«, schreibt Paul ihr am Freitagnachmittag per SMS. Franziska denkt an ihr leeres Fach im Kühlschrank und daran, dass sie es bislang ebenfalls erfolgreich vermieden hat, Getränke und Kosmetik zu kaufen, obwohl die Einkaufsliste dafür bereits seit Tagen fertig in ihrem Zimmer liegt.

»Gerne, darf ich mitkommen? Ich bin um fünf hier fertig«, antwortet sie deshalb und steht um vier Minuten nach fünf mit einer frisch geschriebenen Liste auf dem Krankenhausparkplatz. Kurz darauf fährt Paul mit dem alten Mercedes vor. Aus alter Gewohnheit landet sie fast auf seinem Schoß, als sie sich schwungvoll auf den vermeintlichen Beifahrersitz fallen lassen will. Lachend umrundet sie das Auto und setzt sich auf die linke Seite. »Daran muss ich mich echt noch gewöhnen.«

»Wärst du halt einfach sitzen geblieben, es ist nur ein kurzer Weg«, lacht Paul und kommt tatsächlich schon fünf Minuten und drei Kreisverkehre später auf einem riesigen Tesco-Parkplatz wieder zum Stehen.

»Wir treffen uns dann an der Kasse wieder, ja?«, fragt er unkonzentriert, während sie beide ihre Einkaufswagen in den Eingangsbereich schieben und er seine Einkaufsliste auf dem Handy überfliegt. Franziska nickt nur und bleibt kurz stehen, überwältigt von der schieren Größe des Supermarkts, der von Gartenmöbeln bis zu Kleidungsstücken, von Obst und Gemüse bis hin zu Babynahrung und Kosmetik alles anzubieten scheint. Und schon ist Paul zwischen den Regalen verschwunden. Franziska widmet sich ihrer Einkaufsliste und versucht, sie systematisch abzuarbeiten, doch der unübersichtliche Schilderwald – *»Buy 1, get 1 free«*, *»Pick 5 for 2 pounds«* und *»Any 3 for 5 pounds«* – sorgt dafür, dass sie innerhalb kürzester Zeit vollkommen verwirrt ist. Farbige Aufkleber kennzeichnen, welche Produkte zu welcher Aktion gehören, Ausnahmen sind wiederum besonders gekennzeichnet. Während Franziska am Obstregal und bei der Tiefkühlpizza noch versucht, ihre Wahl entsprechend anzupassen, entschließt sie sich an der Käsetruhe genervt, sämtliche Angebote zu ignorieren.

Sie legt einen Aufstrich in den Wagen, wählt eine Sorte Saft zum Frühstück aus, greift zu einer Packung Kekse für das Nachmittagstief bei der Arbeit und legt für den Abend eine Tüte Chips in den Wagen. An der Kasse angelangt, ist sie ziemlich stolz darauf, dass sie sich nicht zu sinnlosen Käufen hat hinreißen lassen, die nicht auf ihrer Einkaufsliste stehen. Die Kassiererin hingegen scheint an ihrer Intelligenz zu zweifeln. Kaugummi kauend hebt sie die Saftpackung in die Luft und fragt, wo die zweite Packung sei.

»Nein, danke. Ich brauche nur eine.«

»Aber es ist viel günstiger, wenn Sie die zweite gleich dazunehmen. So ein Saft ist eh viel schneller alle, als man denkt.« Sie versucht es mit einem charmanten Augenzwinkern, prallt damit jedoch bei Franziska ab.

»Nein, das ist in Ordnung, danke.«

Bei der Keksrolle versucht die junge Frau noch einmal ihr Glück. Es ist ganz klar, dass sie die Welt nicht mehr versteht: »Nur eine? Ist im Angebot.«

»Nein, danke«, antwortet Franziska nun kurz angebunden und überraschend schroff.

Die Kassiererin zuckt mit den Schultern und rechnet die restlichen Waren kommentarlos ab. Als sie Franziska nach dem Bezahlen ihre Karte zurückgibt, kann sie sich dennoch nicht verkneifen zu sagen: »Das hätten Sie wirklich günstiger bekommen können.« Mit einem knapp angedeuteten Gruß greift Franziska wortlos ihre Taschen und geht.

Wann *»buy 1, get 1 free«* wirklich Sinn ergibt

Sich bares Geld schenken lassen? Wer hier Nein sagt, hat in den Augen eines Schotten wahrscheinlich nicht mehr alle Latten am Zaun. Es scheint jeglicher Logik zu entbehren, dass man sich mit einem Teil zufriedengibt, **wenn**

man zum gleichen Preis zwei haben könnte. Auch wenn das in Wahrheit eine Milchmädchenrechnung ist, denn Produkte, die Teil eines Deals sind, werden einzeln zu einem deutlich höheren Preis verkauft, als wenn sie nicht Teil des Deals sind. Aber auch wenn man nicht wirklich 50 Prozent weniger zahlt, ist das Angebot für die sparsamen Schotten mehr als verlockend und führt dazu, dass man sich in einem schottischen Supermarkt vor schreiend bunten *»buy 1, get 1 free«*-Schildern kaum retten kann.

Doch eines sollte man dabei bedenken: Meistens gibt es einen Grund dafür, dass man ursprünglich eine gewisse Menge (und nicht die doppelte) eines Produktes kaufen wollte. In der Regel ist die doppelte Menge **nämlich mehr, als man braucht** und verbrauchen kann. Zumal viele Produkte, für die mit *»buy 1, get 1 free«* geworben wird, nur eine geringe Haltbarkeit haben und deshalb schnell verbraucht werden müssen. In den letzten Jahren gab es aus diesem Grund vermehrt Kritik an der weit verbreiteten Werbestrategie, die dazu führt, dass jährlich noch **mehr Lebensmittel im Müll landen** als ohnehin schon.

»Buy 1, get 1 free« kann aber immer dann sinnvoll sein, wenn Sie tatsächlich zwei Stück (oder mehr) eines Produktes kaufen wollten und Sie die Möglichkeit haben, übrig gebliebenes Essen notfalls richtig zu lagern und gegebenenfalls zu kühlen. Dann sparen Sie wirklich einiges – und das ganz ohne schlechtes Gewissen. Wenn Sie aber mit dem Auto von *B&B* zu *B&B* fahren und keine Kühltasche dabeihaben, sollten Sie trotz allem lieber nur das kaufen, **was Sie im Moment tatsächlich brauchen.** Denn es ist einfach nie schön, Lebensmittel wegwerfen zu müssen.

5 TIPPS, WIE SIE BEIM EINKAUFEN IN SCHOTTLAND GELD SPAREN

1. **Den richtigen Supermarkt auswählen:** Es mag uns komisch erscheinen, im Schottlandurlaub bei Aldi oder Lidl einkaufen zu gehen, aber tatsächlich sind die beiden deutschen Ketten die günstigsten Supermärkte in Großbritannien.
2. **In größeren Städten einkaufen:** Es ist sicher keine Überraschung, dass Einkaufen in Inverness, Glasgow, Aberdeen und Edinburgh günstiger ist als in einem kleinen Ort an der Küste. Dort gibt es oft nur einen kleinen Tante-Emma-Laden oder einen Spar – und weniger Auswahl bedeutet höhere Preise. Decken Sie sich also mit allem ein, was Sie brauchen, bevor Sie ins Hinterland aufbrechen.
3. **Auf Fertigprodukte verzichten:** Gerade im Urlaub möchte man es möglichst einfach und unkompliziert haben, aber oft zahlt man dabei drauf. Deshalb: Lieber frische, saisonale und regionale Zutaten kaufen und selbst kochen. Das geht natürlich nur, wenn man in einer Ferienwohnung, in einem Ferienhaus oder in einer Jugendherberge übernachtet.
4. **Bei Lockangeboten genauer hinschauen:** Große Schilder werben für vermeintliche Angebote, doch wenn man die *»3 for 2«*-Preise genauer anschaut, stellt man manchmal fest, dass es gar nicht günstiger ist, ein Produkt mehrfach zu kaufen. Auch wenn das Einzelfälle sind: Hier wird die Gutgläubigkeit der Kunden ausgenutzt!

5. **Lieber reduzierte Produkte als *»buy 1, get 1 free«:*** Reduzierte Produkte haben oft eine noch kürzere Haltbarkeit als die Produkte im Kombiangebot, aber Sie haben ja sowieso vor, alles in Ihrem Urlaub zu verbrauchen. Hier können Sie wirklich Geld sparen – und schützen Lebensmittel vor der Tonne!

12 WIR SCHAUEN UNS NUR EDINBURGH UND GLASGOW AN!

DIE PERFEKTE REISEROUTE PLANEN

Als Franziska nach dem Einkaufen vollbepackt hinter Paul durch die Haustür taumelt, stolpert sie fast über ein kleines Päckchen, das der Postbote durch den Türschlitz hat fallen lassen. Als sie ihren Namen darauf erkennt, ist die plötzlich ganz aufgeregt: ein Päckchen von zu Hause! Sie jubelt, reißt es noch in der Küche auf und erkennt, dass es ein Carepaket von ihren Freundinnen ist: Alpenmilchschokolade, eine winzige Ration Pumpernickel, ein Gläschen Erdbeermarmelade und ein Foto vom letzten gemeinsamen Urlaub ihrer Mädelsgruppe. Dabei liegt ein lieber Brief voller »Wir vermissen dich« und »Ohne dich ist es einfach nicht dasselbe« – der mit einem Satz endet, der Franziska sofort Freudentränen in die Augen treibt: »Wir kommen dich besuchen! Ruf uns gleich an, wenn du das gelesen hast.« Mit dem Bild und dem Brief in der Hand stürmt sie an Paul vorbei die Treppe hinauf, um ihren Laptop zu starten; die Einkäufe und der Proviant aus der Heimat sind vergessen und liegen noch zwanzig Minuten später im Flur, als Paul wieder aus seinem Zimmer kommt.

Sophie, Irene und Tamara scheinen den Skype-Anruf bereits erwartet zu haben. Sie sitzen – jede bei sich zu Hause – zufrieden grinsend vor den Kameras, und Sophie wedelt aufgeregt mit einem Schottlandreiseführer herum. »Wir wollten schon buchen, aber dann ist uns eingefallen, wie toll du Überraschungen findest« – alle lachen bei der Erinnerung an den letzten Überraschungsbesuch während ihres Auslandssemesters in Spanien vor drei Jahren, auf den Franziska, völlig überfordert, mit den legendären Worten »Ui, das ist jetzt gerade ganz schlecht!« reagierte. Dieser Termin jedoch passt hervorragend: Es ist ohnehin Bank Holiday in Schottland, und einem langen Wochenende steht nichts entgegen.

»Die Reiseplanung würden wir gerne dir überlassen«, sagt Irene dann und fügt noch hinzu, dass sie am liebsten in Edinburgh shoppen gehen und in Glasgow eine Galerie besuchen würde. Tamara möchte unbedingt Edinburgh Castle sehen, und Sophie hat von einem Pub in Glasgow gehört, der in einer alten Kirche eingerichtet wurde. »Also gut, dann fliegen wir nach Edinburgh und treffen dich da«, fasst Irene zusammen und macht sich eine Notiz.

»Und dann fahren wir mit dem Zug nach Glasgow und bleiben dort noch zwei Tage, das passt doch«, fügt Sophie zufrieden hinzu.

Als Franziska wenige Minuten später selig die Treppe hinunterkommt, fallen ihr die Einkäufe wieder ein. Die letzten Stufen rennt sie hinunter, biegt um die Ecke – und stößt fast mit Paul zusammen.

»O Gott, entschuldige die Unordnung hier«, stößt sie hervor und befürchtet schon, ihre ganzen Tiefkühlprodukte halb aufgetaut auf dem Boden verstreut vorzufinden, doch Paul fragt nur lächelnd: »Welche Unordnung?«

Franziska sieht sich suchend um, sieht aber nur ihre Einkaufstaschen ordentlich aufgereiht auf der Arbeitsplatte stehen. »Ich habe mal ein paar Sachen in den Kühlschrank geräumt, damit du nicht *alles* wegwerfen musst«, grinst er.

»Paul, du bist ein Schatz!« Überschwänglich tänzelt Franziska durch die Küche und berichtet dabei von dem Paket und dem anstehenden Besuch ihrer Freundinnen.

»Toll, das freut mich für dich«, sagt Paul dann aufrichtig lächelnd. »Und was habt ihr vor?« Schlagartig gefriert das Lächeln in seinem Gesicht, als er von ihren Plänen hört. »Dein Ernst?«, fragt er mit hochgezogenen Augenbrauen. »Dann verpasst ihr doch das Allerbeste!«

»Was meinst du?«, fragt Franziska verdutzt.

»Na, ihr könnt doch keinen Urlaub in Schottland planen und euch dann nur Edinburgh und Glasgow anschauen. Das Beste liegt doch hier oben – und das sage ich nicht, weil ich hier lebe!«, fügt er schnell hinzu, als er sieht, wie sie den Mund zu einer Erwiderung öffnet. »Mach doch Folgendes« – er zieht einen Block und einen Bleistift aus einer Schublade und beginnt, eine einfache Schottlandkarte zu zeichnen und an verschiedene Stellen Kreuze und Zahlen zu setzen.

Eine halbe Stunde später enthält der Block zwei weitere Karten mit alternativen Routen, und Franziska gibt sich geschlagen. »Ich geh dann noch mal telefonieren, glaube ich«, sagt sie ergeben und kehrt in ihr Zimmer zurück.

Bucketlist für Ihren Schottlandurlaub

Schottland zu verlassen, nachdem Sie sich nur Edinburgh und/oder Glasgow angesehen haben, ist ein bisschen so, als würden Sie das Kino etwa nach der Hälfte eines spannenden Films verlassen. Dann verpassen Sie, wie die Liebenden sich endlich bekommen oder wie der Held die Welt rettet. Oder – in diesem Fall –, wie zauberhaft Schottland wirklich ist. Die großen Städte sind schön und haben ihren Reiz, aber sie vermitteln, wenn überhaupt, nur eine Ahnung davon, was jenseits der Außenbezirke auf Sie wartet. Natürlich lassen schon **Arthur's Seat** und die **Pentland Hills** bei Edinburgh etwas von der rauen Schönheit Schottlands erahnen, doch man hat sie nicht wirklich erlebt, wenn man nicht auch in den **Highlands** war. Und, ja, von Glasgow aus ist es bis in den **Loch Lomond & The Trossachs National Park** nur ein Katzensprung, sodass man sich weitere Wege eigentlich sparen kann – aber so schön der Loch Lomond, vor allem in den frühen Morgenstunden, auch ist, er kann es nicht mit den einsamen Seen weiter oben im Norden aufnehmen, die man wirklich für sich alleine hat. Es wäre deshalb fatal, wenn Sie sich in Ihrem Urlaub nur auf die Städte beschränken würden!

Schottland hat so viel zu bieten: ein reiches historisches Erbe, magische Steinkreise und geheimnisvolle Kultstätten, romantische Burgen und Schlösser, dramatische Klippen, einsame Traumstrände, verwunschene Gärten und endlose Weite, gesprenkelt mit Heidekraut und Ginster. Praktisch nichts davon erleben Sie auf einem Städtetrip in eine der schottischen Großstädte. Sie würden die Chance verpassen, die Highland Games hautnah zu erleben, nach Nessie Ausschau zu halten, hinter wackelnden Schafhinterteilen her über einsame Bergstraßen zu fahren, Delfine vor der Küste springen und Papageientaucher in den Klippen nisten zu sehen, Golf zu spielen auf einem Boden, der Legenden hervorgebracht hat, ehrfürchtig durch einen Steinkreis zu schreiten, Whisky dort zu trinken, wo er entsteht, am frühen Morgen den Nebel über den Bergen in die kristallklare Luft aufsteigen zu sehen und sich einmal ganz weit weg von allem zu fühlen.

Als Ausgangs- oder Endpunkt für Ihre Reise sind Glasgow und Edinburgh jedoch sehr zu empfehlen, und Sie dürfen ruhig ein oder zwei Tage zusätzlich einplanen, um die Museen zu besuchen, in Restaurants die Highlights der schottischen Küche zu kosten und in Ruhe durch Edinburgh Castle zu wandern. Aber lassen Sie deshalb nicht die Wunder außerhalb der großen Städte zu kurz kommen. Es wäre einfach zu schade – und für fast jeden Schotten absolut unverständlich.

TOP-SEHENSWÜRDIGKEITEN IN SCHOTTLAND

Must-sees:

- Edinburgh Castle, Royal Mile, Holyrood Palace und Arthur's Seat in Edinburgh

- Rosslyn Chapel
- Stirling Castle
- Kelvingrove Art Gallery, Riverside Museum, Gallery of Modern Art und der Botanische Garten von Glasgow
- National Wallace Monument
- The Kelpies in Falkirk
- Loch Lomond & The Trossachs National Park
- Glencoe
- Rannoch Moor
- Ben Nevis
- The Jacobite Steam Train und das Glenfinnan-Viadukt
- Loch Ness und Urquhart Castle
- Culloden Battlefield
- Eilean Donan Castle
- Old Man of Storr, Kilt Rock und die Fairy Pools auf der Isle of Skye
- Ring of Brodgar, Maeshowe und Skara auf Mainland (Orkney)
- Callanish Standing Stones auf der Isle of Lewis
- Dunnottar Castle

Bonustipps:

- Loch Katrine und das Sir Walter Scott Steamship in den Trossachs

- Linlithgow Castle bei Edinburgh
- Clava Cairns bei Inverness
- Chanonry Point am Moray Firth
- Glen Lyon
- Glen Affric
- Falls of Dochart in Killin
- Fortingall Yew Tree
- Highland Folk Museum in Newtonmore
- Torridon Hills
- Smoo Cave bei Durness
- Neist Point auf der Isle of Skye
- Insel Staffa

Wenn Sie Gelegenheit dazu haben, besuchen Sie auch unbedingt eine **Whiskydestillerie** und machen Sie dort eine Führung mit. Wenn Sie im Sommer nach Schottland fahren, sollten auch die **Highland Games** und vielleicht sogar das **Edinburgh Festival** auf Ihrer Liste stehen.

13 BEI DEM WETTER GEH ICH ABER NICHT RAUS …

GUTES WETTER IST EINE FRAGE DER EINSTELLUNG

Endlich ist es so weit: Franziska steht bei strahlendem Sonnenschein in der Ankunftshalle des kleinen Flughafens von Inverness und wartet auf den Flug aus London. Als sich die automatischen Türen öffnen und die drei Mädels freudestrahlend in die Empfangshalle rennen, ist Franziska ganz gerührt, sie zu sehen. Zugleich ist sie aufgeregt, weil sie ihren Freundinnen gleich ihr neues Leben zeigen kann. Sie freut sich darauf, ihnen Paul und die anderen Mitbewohner vorzustellen, und kann es kaum erwarten, ihnen das Haus und die Stadt zu zeigen. »Wie süß ist das denn hier?«, fragt Sophie schwärmerisch und sieht sich in der winzigen Halle um. Der Flughafen hat etwas sehr Familiäres an sich – vor allem, wenn man gerade über London aus München hergeflogen ist. »Aus der Luft sah Schottland schon toll aus«, fällt Tamara ein – sie kann es offensichtlich kaum erwarten, mehr zu sehen.

Und tatsächlich können sich die drei kaum sattsehen an Inverness, staunen über die entzückende Straße, in der Franziska wohnt, schwärmen von dem Häuschen und ihrem gemütlichen Gästezimmer – das Fiona ihnen freundlicherweise überlassen hat, weil sie zurzeit auf der Insel Barra bei ihrer Familie ist – und sind sofort Feuer und Flamme für Franziskas Lieblingspub, das Hootananny, wo sie den ersten Abend verbringen. Als sie in der Nacht schließlich einschläft, ist Franziska nicht nur unglaublich glücklich darüber, ihre besten Freundinnen wieder bei sich zu haben, sondern auch sehr zufrieden mit diesem ersten Tag. Sie kann es kaum erwarten, zu dem für morgen geplanten Ausflug in die Cairngorm Mountains aufzubrechen.

Das ändert sich jedoch schlagartig, als sie am Morgen von einem ungeliebten Geräusch geweckt wird: dem gleichmäßigen Prasseln des Regens an ihrem Fenster. Der Himmel hängt dunkel und bleischwer über Inverness, und den Flugbahnen der Regentropfen nach zu urteilen, ist es obendrein noch ziemlich windig. Das hatte sie sich für Anfang Juni wirklich anders vorgestellt! Neben ihr im Bett liegt Tamara, die ebenfalls aufgewacht ist und nun missmutig aus dem Fenster starrt. »Das geht ja gut los«, sagt sie nur und versucht, es wie einen Scherz klingen zu lassen. Franziska weiß das zu schätzen, insbesondere weil sie sich sicher ist, dass Sophie und Irene weniger zu Scherzen aufgelegt sein werden. Und tatsächlich blickt sie in zwei sehr schlecht gelaunte Gesichter, als die beiden schließlich zum Frühstück in der Küche erscheinen. »Was machen wir denn dann heute? Gibt's hier irgendwelche Museen?«, fragt Irene. Franziska umschließt ihre Teetasse mit beiden Händen und blickt nachdenklich in die dunkle Flüssigkeit, als ließe sich dort die Antwort finden.

»Nein, ich denke, wir fahren trotzdem«, sagt sie schließlich und versucht dabei, positiv und motiviert zu klingen. Leider erfolglos.

»Bei dem Wetter?«, fragen Irene und Sophie fast gleichzeitig.

Der Himmel ist, wenn das überhaupt möglich ist, noch dunkler geworden, und die vollen Tropfen fallen schwer auf das Fensterbrett. Man möchte sich am liebsten zu Hause einkuscheln und den ganzen Tag lang Serien schauen. Die Mädchen schweigen. Deutlich hören sie, wie Paul oben hin und her geht und schließlich die Treppe hinunterkommt. Er strahlt sie gut gelaunt an, macht sich eine Tasse Tee und sieht dann von einer zur anderen. »Was ist los bei euch?«

»Wir wollten einen Ausflug machen«, sie macht eine Pause und deutet in Richtung Fenster. »Aber daraus wird nichts.«

»Warum nicht?«, fragt er verständnislos. »Wegen des bisschen Regens?« Er lacht. »Ihr müsst in Deutschland echt verwöhnt sein.«

Die Mädchen zucken die Schultern und denken an das sonnige München.

»Ihr wollt wirklich zu Hause bleiben?«, fragt Paul dann, als ihm klar wird, dass es den Mädchen ernst ist.

»Na ja, nicht zu Hause bleiben«, antwortet Franziska langsam. »Vielleicht gibt es irgendwas, was man drinnen machen kann?«

Paul lacht wieder, diesmal fassungslos. »Fahrt einfach los! Das Wetter wird besser. Ihr bereut das sonst.« Er füllt seinen Tee in einen Thermobecher um, winkt und ist schon zur Tür raus, als die Mädchen ihn noch einmal lachen hören.

Die nackte Wahrheit über das schottische Wetter

Ja, es ist wahr: In Schottland regnet es hin und wieder. Gelegentlich auch häufiger. Und ja, manchmal hängen die Wolken so tief in den Tälern, dass Sie kaum etwas von der bezaubernden Schönheit der Landschaft sehen werden. Es kommt vor, dass sich die geheimnisvollen Morgennebel gar nicht heben und den ganzen Tag auf die Berge und unser Gemüt drücken. Doch die Wahrheit ist, dass wir uns damit doch bereits arrangiert haben, wenn wir nach Schottland reisen. Sonst würden wir es doch schlichtweg nicht tun, oder?

Wenn Sie gehofft hatten, dass die Gerüchte, die um das schottische Wetter kreisen, vielleicht doch nicht wahr seien, dann ist das jetzt leider der richtige Moment, Sie zu enttäuschen. Dennoch – und das ist die gute Nachricht – **ist das schottische Wetter deutlich besser als sein Ruf!** Es gibt jeden Sommer **sonnige**

Tage, die so strahlend schön sind, dass es fast weh tut – und an denen man sich wünscht, man hätte nicht nur dicke Pullover und lange Hosen eingepackt. Und es gibt natürlich Ausnahmesommer. 2003 war einer davon: Wer Ende Juli, Anfang August Urlaub in Schottland machte, erlebte keinen einzigen Regentag. Auch 2018 konnten Schotten und Schottlandurlauber gleichermaßen ihr Glück kaum fassen, als der Sonnenschein einfach nicht enden wollte.

Aber selbst wenn Sie nicht solch einen Sommer erwischen, wenn Sie nach Schottland fahren: Dieses Land offenbart einige seiner schönsten Seiten erst dann, wenn der Wind **dicke Wolken** über die Berge treibt und sie in ein **Wechselspiel aus Licht und Schatten** hüllt, wenn das Meer **tosend und schäumend** gegen die Küste brandet und wenn **Nebelbänke** uns in einen **feinen Nieselregen** hüllen. Diese wilde Seite von Schottland ist es, die einen großen Teil seines Reizes ausmacht. Ein Steinkreis unter blauem Himmel ist zwar gut und schön, doch ihn an einem nebligen Tag ganz für sich zu haben, ist ein geradezu magisches Erlebnis.

Tun Sie sich deshalb selbst einen Gefallen und stellen Sie sich darauf ein, indem Sie **warme, wetterfeste Kleidung** einpacken. Dazwischen dürfen Sie gerne ein paar T-Shirts und kurze Hosen legen. Und: Machen Sie Ihren Frieden damit, dass es **kühl und regnerisch** sein kann – und dass Sie trotzdem draußen unterwegs sein werden. Das Letzte, was Sie in einem Schottlandurlaub wollen, ist, dass schlechtes Wetter Sie daran hindert, die Schönheit dieses Landes zu erkunden. Ein größeres Fettnäpfchen können Sie nämlich wirklich kaum finden.

DIE BESTE REISEZEIT FÜR SCHOTTLAND

Bester Reisemonat: Mai – das Wetter wird besser, aber die *midgies* (siehe Kapitel 32) sind noch nicht da. Gleiches gilt für die Touristenmassen. Dann haben Sie Schottland bei strahlendem Sonnenschein und in voller Ginsterblüte beinah ganz für sich allein.

Wärmste Reisemonate: Juni, Juli, August. Wenn tendenziell gutes Wetter das ausschlaggebende Argument für Sie ist, sollten Sie im Hochsommer nach Schottland fahren. Die Temperaturen liegen dann bei etwa 20 bis 25 Grad, mit Regen müssen Sie aber dennoch jederzeit rechnen. Zusätzlicher Nachteil: Sie müssen Schottland mit vielen anderen Touristen und den *midgies* teilen.

Heimliche Favoriten: Im März und April können Sie noch die letzten Skitage der Saison mitnehmen und nebenbei zuschauen, wie die Natur erwacht. Die Temperaturen liegen dann bei etwa 10 Grad. Vor allem im April lassen die Regenfälle im Norden und in den Highlands deutlich nach, während sie im Süden und in Edinburgh tendenziell eher zunehmen. Im September und Oktober genießen Sie den goldenen Herbst in Schottland bei Temperaturen um die 15 Grad. Es wird allerdings regenreicher. Wenn Sie Glück haben, sind die *midgies* aber schon verschwunden.

14 ABER DAS IST DOCH JETZT ECHT SCHON ZWEIHUNDERT JAHRE HER!

CULLODEN UND DIE NARBEN DER VERGANGENHEIT

»Ich bin mir sicher, er trägt nichts unter dem Kilt«, raunt Irene Franziska verschwörerisch zu und versucht, einen besseren Blick auf den Tourguide zu erhaschen, der vor ihnen durch Gras und Heidekraut stapft. Ganz professioneller Schauspieler, hat er sich ihnen mit leidender Miene als Überlebender der Schlacht von Culloden im Jahre 1746 präsentiert und bereit erklärt, sie über das Schlachtfeld – und zurück in die blutig-tragische Geschichte Schottlands – zu führen. Der Wind pfeift über die weite, karge

Landschaft, links des Weges flattert die englische Standarte im Wind, rechts von ihnen knattert das schottische Banner. In der Ferne ist ein altes Cottage zu sehen, in der Nähe ragt ein aus Steinen errichteter Turm als Mahnmal in die Höhe.

Franziska ist von der Stimmung dieses Ortes gefesselt und reagiert kaum auf Irenes Bemerkung, denn sie erinnert sich an die dramatische Schlachtszene in der Serie *Outlander*, die Jamie und Claire entzweit. Hinter sich hört sie Tamara und Sophie über eine gemeinsame Freundin zu Hause sprechen. Ein paar Franzosen und eine Gruppe Asiaten unterhalten sich ebenfalls angeregt. Alasdairs überzeugende schauspielerische Darbietung ist offensichtlich Nebensache. Nur ein amerikanisches Ehepaar hängt mit bewegten Mienen an den Lippen des Tourguides. »Es war eiskalt«, sagt der gerade und zieht sich mit einem gespielten Zittern das Plaid enger um die Schultern. »Wir hatten Hunger, und wir waren erschöpft.« Sein schwerer schottischer Akzent ist nicht leicht zu verstehen, aber der Singsang passt zur Dramatik der Landschaft. »Und dann ging alles ganz schnell« – mitten in der nun folgenden dramatischen Pause lässt die Amerikanerin einen erstickten Seufzer hören und greift nach der Hand ihres Mannes. Alasdair, spürbar dankbar für diese Reaktion, schaut betroffen zu Boden. »Es dauerte nur wenige Minuten, dann waren alle meine Männer tot. Meine Brüder, mein Onkel und«, wieder eine Pause, »mein Vater.« Der Amerikaner legt beschützend einen Arm um seine Frau und führt sie hinter dem nun sehr gebeugt gehenden Tourguide ein Stück das Feld hinab, immer vorbei an grob bearbeiteten Steinen, die an die gefallenen Clanmitglieder erinnern.

»Clan Stewart of Appin«, »Clan Mackintosh«, »Clan Macgilvray« liest Franziska darauf. Ein Stein fällt besonders ins Auge: Eine Traube Menschen hat sich darum versammelt, und diverse Blumen, manche frisch von der Wiese gepflückt, manche offensichtlich extra gekauft, liegen darauf und daneben. Zwei Frauen stehen betroffen davor, und als sie schweren Herzens zur Seite treten, kann Franziska sehen, dass »Clan Fraser« auf dem Stein geschrieben steht. »Fraser«, so wie Jamie Fraser, der rothaarige Held aus *Outlander.* Ein kurzer Schauer jagt Franziska über den Rücken, weil dieser Stein die Geschichte der Serie, die auf den Büchern von Diana Gabaldon basiert, plötzlich realer und das Schicksal der Männer hier greifbarer für sie macht. Schließlich hat sie fast das Gefühl, einen von ihnen persönlich zu kennen. Sie dreht sich zu den Mädchen um und erzählt ihnen davon. Tamara hat die Serie ebenfalls gesehen, und plötzliche Erkenntnis macht sich auf ihrem Gesicht breit. Irene und Sophie hingegen zucken nur mit den Schultern. Die Amerikanerin hat sich aus der Gruppe gelöst und legt nun ihrerseits eine kleine Blume, die sie eben gepflückt hat, auf dem Stein nieder. Irene unterdrückt ein Kichern, als sie die betroffene Miene der Frau sieht. »Aber jetzt mal im Ernst, Leute«, sagt sie klar und deutlich verständlich für jeden auf Englisch, als sich die Gruppe wieder zum Gehen wendet. »Das ist doch nun wirklich schon über zweihundert Jahre her. Deshalb muss man doch jetzt nicht mehr so ein Drama veranstalten.« Als sich ihr Tourguide nun zu Irene umdreht, ist seine Betroffenheit nicht mehr gespielt.

Respekt vor der schottischen Geschichte zeigen

Ups! Wenn es um Geschichte geht, können Sie sich mit solchen und ähnlichen Kommentaren in Schottland wirklich in die Nesseln setzen. Die Vergangenheit ist die Achillesferse der Schotten. Während wir uns in Deutschland durch das Grauen in der ersten Hälfte des 20. Jahrhunderts oft fast vollkommen von der Vergangenheit unseres Landes abgeschnitten fühlen, ist sie in Schottland **stets präsent und allgegenwärtig.** Wie sollte es auch anders sein? Die Landschaft ist mit den **Ruinen von Burgen und Wohnhäusern** gesprenkelt, uralte, verwitterte **Steinmauern** teilen die Hügel und Täler nach Regeln, die heute niemand mehr versteht, **Steinkreise** scheinen eher vor Urzeiten aus der Erde gewachsen als von Menschen erbaut worden zu sein, und in den geheimnisvollen dunklen Seen der Highlands sollen Kreaturen leben, die fast so alt sind wie die Erde selbst.

All das hat nicht nur einen festen, materiellen Platz im Schottland der für uns sichtbaren Welt, sondern auch in der schottischen Seele. Es ist in Geschichten und Liedern heute noch an vielen Orten so gegenwärtig wie schon vor hundert Jahren. Selbst wenn das Fernsehen und das Internet im Alltag der meisten Schotten das **Geschichtenerzählen** und **gemeinsame Musizieren** inzwischen ersetzen, so sind sie doch mit den alten Liedern und Legenden aufgewachsen und verbinden sie mit etwas, das größer ist als sie selbst: mit einer dramatischen, wechselhaften Geschichte, in der nicht wenige versucht haben, die Schotten zu unterwerfen und zu brechen, die aber auch voller Helden ist, die sich erhoben, um für ihre Rechte und die Freiheit ihres Volkes zu kämpfen.

Klingt pathetisch und kitschig? Behalten Sie das lieber für sich! Diese **kollektive Erinnerung** ist Teil der schottischen Identität und ein wunder Punkt, an dem Sie ganz bestimmt nicht rühren wollen. Lassen Sie sich stattdessen von den Geschichten verzaubern und mitreißen. Sie werfen tatsächlich ein ganz neues Licht auf das Land, das Sie sehen werden, und geben vielen Orten eine **zusätzliche Dramatik und Bedeutung,** die in vielen Schottlandurlaubern tiefe Emotionen wecken. Würzen Sie Ihre Reise damit und genießen Sie es einfach.

MEILENSTEINE DER SCHOTTISCHEN GESCHICHTE

Zwischen 5.000 und 4.000 v. Chr. – Jäger und Sammler ziehen durch das Land und hinterlassen erste Spuren.

Zwischen 3.100 und 2.000 v. Chr. – Auf den Orkneys errichtet eine unbekannte neolithische Kultur in zahllosen mühsamen Arbeitsstunden den Ring of Brodgar und die Standing Stones of Stenness. In der Nähe finden sich weitere Zeugnisse aus dieser Zeit.

Zwischen 122 und 127 n. Chr. – Der römische Kaiser Hadrian lässt zum Schutz gegen die schottischen Stämme den Hadrianswall errichten. Er markiert noch immer die Grenzlinie zwischen dem heutigen England und dem heutigen Schottland.

Um 500 – Pikten, Skoten und Britonen besiedeln das Land.

563 – Der irische Missionar St. Columba gründet auf der Insel Iona das erste schottische Kloster. Es wird im Laufe der Jahre zum geistigen Zentrum Schottlands.

843 – Unter Kenneth MacAlpin, dem König von Dalriada, entsteht das Königreich Scotia. Kenneth wird auf dem Stone of Scone zum ersten König von Schottland gekrönt.

1297 – William »Braveheart« Wallace kämpft unter Robert the Bruce in der Schlacht bei Stirling Bridge gemeinsam mit 15.000 Schotten gegen eine Übermacht aus 50.000 Engländern. Die Schotten siegen.

1298 – William Wallace und das schottische Heer unterliegen den Engländern in der Schlacht bei Falkirk.

1314 – Robert the Bruce gelingt mit einem Sieg gegen die Engländer in der Schlacht von Bannockburn die Befreiung Schottlands.

1320 – Adlige Schotten geben in der Declaration of Arbroath die erste schottische Unabhängigkeitserklärung ab. Sie ist zugleich die erste Unabhängigkeitserklärung der Welt.

1328 – England erkennt im Frieden von Edinburgh die Unabhängigkeit Schottlands an.

1587 – Die schottische Königin Maria Stuart wird von ihrer Cousine, der englischen Königin Elisabeth I., hingerichtet, weil sie eine Verschwörung gegen sie angezettelt haben soll.

1603 – Marias Sohn, Jakob VI., besteigt unter dem Namen James I. als Nachfolger von Königin Elisabeth I. den englischen Thron und vereint so die englische und die schottische Krone.

1688/89 – Der katholische König James II. wird in der sogenannten *Glorious Revolution* gestürzt. Der protestantische Wilhelm III. von Oranien besteigt daraufhin den Thron.

1689 – Erster Jakobitenaufstand: Die Anhänger Jakobs II., die sogenannten Jakobiten, erheben sich gegen die Vertreibung des aus ihrer Sicht rechtmäßigen katholischen Königs in der *Glorious Revolution.* Der Aufstand endet mit der Schlacht von Killiecrankie im selben Jahr.

1692 – Massaker von Glencoe: Wilhelm von Oranien lässt am Clan MacDonald von Glencoe ein blutiges Exempel statuieren. 38 Männer und 40 Frauen und Kinder finden in einer kalten Februarnacht durch das Schwert oder bei ihrer Flucht in die Hügel den Tod.

1707 – Im *Act of Union* wird die Vereinigung von England und Schottland gefestigt: Das schottische Parlament wird aufgelöst und durch das erste gemeinsame Parlament ersetzt.

1745 – Zweiter Jakobitenaufstand: Unter der Führung von Charles Edward Stuart erheben sich die Jakobiten erneut. Bei Falkirk gelingt ihnen ein entscheidender Sieg, doch am 16. April 1746 werden sie in der Schlacht von Culloden vernichtend und endgültig geschlagen. Um weitere Aufstände zu verhindern, werden danach alle Symbole der schottischen Hochlandclans verboten, darunter auch Dudelsack, Kilt und *tartans.*

1792 – Im Zuge der sogenannten *Highland Clearances* werden immer mehr Schotten aus ihrer Heimat im Hochland vertrieben, um Platz für die Schafzucht zu schaffen. Gleichzeitig verlassen immer mehr Menschen im Zuge der Industrialisierung das Land, um in den Städten Arbeit zu suchen.

1822 – König George IV. zeigt sich bei einem Schottlandbesuch im Kilt und macht diesen so wieder salonfähig. In der Folge wird das Kiltverbot aufgehoben; in London und anderen Metropolen wird es Mode, sich im Kilt zu zeigen. Auch die anderen Symbole der schottischen Kultur werden rehabilitiert.

1997 – Schottland erhält einen Autonomiestatus.

1999 – Nach fast 300 Jahren tritt in Edinburgh zum ersten Mal wieder ein schottisches Parlament zusammen. Schottland ist jedoch weiterhin ein Teil des Vereinigten Königreichs von Großbritannien.

18. September 2014 – Bei einer Volksabstimmung über die Unabhängigkeit von Schottland stimmen die Schotten eindeutig dagegen und für den Verbleib im Vereinigten Königreich von Großbritannien – und damit in der EU.

23. Juni 2016 – Mehr als die Hälfte der britischen Wähler spricht sich bei einem Referendum für den Austritt des Vereinigten Königreichs aus der Europäischen Union aus. In Schottland stimmt die Mehrheit dagegen. Das Referendum läutet den sogenannten Brexit ein. Schottische Pläne für ein zweites Unabhängigkeitsreferendum unter neuen Vorzeichen werden derzeit jedoch nicht weiterverfolgt.

15 SEE-UNGEHEUER GIBT ES DOCH GAR NICHT!

WARUM WIR ALLE AN NESSIE GLAUBEN SOLLTEN

Kurz hinter Inverness beschleunigt Paul den alten Mercedes. Auf der Rückbank sitzen die drei Mädels aus München zusammengequetscht, die Hände in Panik immer halb vor dem Gesicht, damit sie sich in den engen Kurven mit dem ungewohnten Linksverkehr auch jederzeit die Augen zuhalten können. Auf dem Beifahrersitz sitzt, deutlich entspannter, Franziska. Sie kennt Pauls Fahrstil bereits. Der grinst nur immer wieder in den Rückspiegel und freut sich ein bisschen über die leisen Quietschlaute von den hinteren Plätzen. Diese Straße mit ihren engen Kurven ist noch nichts gegen die Highlands, aber er findet, das sollen die Mädchen schon allein herausfinden.

Links blitzt immer wieder der River Ness durch die Bäume und Büsche. Es hat etwas Dramatisches an sich, wie sich der Fluss zunehmend verbreitert, dann noch mal, wie um Zeit zu schinden, in den Loch Dochfour mündet, und sich dann endlich der Loch Ness auftut. Gleichzeitig ist nach dieser Spannungskurve der Blick auf den Loch Ness immer ein bisschen enttäuschend. Klar, der See ist weltberühmt. Aber das verdankt er nun wahrlich nicht seinem atemberaubenden Anblick. Franziska, die das schon weiß, deutet zur Sicherheit noch einmal in Richtung des Sees, damit ihre Freundinnen den Anblick auf keinen Fall verpassen. Die drei Mädels liegen einander fast auf dem Schoß, um gut sehen zu können, und sinken dann enttäuscht in ihre Sitze zurück. »Das ist er?«, fragt Sophie ernüchtert.

Paul lässt ein Schnaufen hören. Was das denn jetzt bitte schön bedeuten solle, möchte er wissen. Der Loch Ness sei immerhin das Zuhause des unglaublichsten Geschöpfs von allen.

»Unglaublich trifft es ziemlich gut«, lässt sich Irene trocken vernehmen.

Erster Stopp: eine kleine Parkbucht am Straßenrand entlang der A82, in der die Autos kreuz und quer stehen. Wer es irgendwie geschafft hat, aus dem Verkehr auszuscheren, steht hier nun dicht an dicht, Kamera an Kamera, starrt auf den See mit der leicht gekräuselten Oberfläche und sieht – nichts. Klar, erklärt nebenan ein ganz Kluger mit Glasgower Akzent, denn man könne ja nicht *jeden Winkel* des Sees *gleichzeitig* im Blick behalten. Wie gut, dass der Loch Ness so groß sei – so könne sich Nessie wunderbar verstecken. Trotzdem könnten jeder Wellenkamm und jeder Stein, der aus dem Wasser ragt, für die Gläubigen auf dem Parkplatz die nächste große Nessie-Sichtung sein. Die Mädchen aus München wirken hingegen eher gelangweilt. Jede von ihnen macht pflichtbewusst ein paar Fotos, und ein obligatorisches Selfie später sitzen sie alle wieder auf der Rückbank und warten auf den Chauffeur. Paul zieht die Augenbrauen hoch, sagt aber nichts. Er wusste schon, dass Nessie nicht auf einem Felsen am Ufer in der Sonne sitzen und auf Besucher warten würde. Dafür ist sie viel zu schlau! Was also haben die Mädchen erwartet?

Weiter geht's zum Urquhart Castle: noch ein Parkplatz, noch mehr Autos, noch mehr Kameras. Würde Nessie diesen Moment nutzen, um sich endlich mal wieder aus den Wellen zu erheben, die schiere Anzahl der Fotos würde Instagram und Facebook innerhalb weniger Sekunden zusammenbrechen lassen. Doch es passiert nichts, und die Mädels verwenden vor allem Energie darauf, die Schlossruinen mit dem Handy in Szene zu setzen und Selfies zu machen. Den See würdigen sie kaum noch eines Blickes. Wenigstens drei Verbündete hätte Nessie also in ihren Bemühungen, unentdeckt zu bleiben. Paul tut das, was er schon immer gemacht hat: Er sieht gebannt aufs Wasser und hält Ausschau. Nach 20 Minuten fragt er die Mädels schließlich, ob sie eine Bootstour machen oder – besser noch – gleich schwimmen gehen wollten. Der Adrenalinkick beim Schwimmen im Monstersee sei mit kaum etwas anderem zu vergleichen.

»Es gibt keine Monster«, erklärt Irene entschieden, als müsse das endlich einmal gesagt werden. »Und wenn es sie gegeben hat, dann sind sie längst tot.«

»Und wie erklärst du dir die vielen Sichtungen und die Aufnahmen von großen Tieren, die unter Booten entlangschwimmen?«, fragt Paul, der über die Weigerung seiner Gäste, sich verzaubern zu lassen, langsam verärgert ist.

»Ähm ... Fake?«, gibt Irene im gleichen Tonfall zurück.

»Machen wir doch noch einen Abstecher ins Loch Ness Centre«, schlägt Paul vor. »Die Ausstellung könnte euch überzeugen.« Er zwinkert den Mädels zu, bereit, ihnen zu vergeben, doch sie murmeln nur abwehrend. Lieber wollen sie in den Pub, den Paul versprochen hat. Mit einem entnervten Seufzer wendet der den Wagen und fährt die A82 zurück, um dann in Richtung Dores abzubiegen. Der Loch Ness liegt vergessen zur Rechten, und die Mädchen löschen Bilder vom See ohne Nessie von ihren Handys, um Speicherplatz zu sparen. Ist eh nichts darauf zu sehen!

Monsterglaube und Elfenstaub in Schottland

Schottland ist ein magisches Land – und die Schotten sind stolz auf seine **Magie.** Sie lieben die **übernatürlichen Wesen, Monster und Geister,** die das Land angeblich besiedeln, und glauben fest an sie. Nicht so sehr aus echter Überzeugung, sondern vielmehr aus **Stolz** – oder ganz einfach: aus Prinzip! Was keinesfalls bedeuten soll, dass die Schotten leichtgläubige Hinterwäldler wären, die tatsächlich davon überzeugt sind, ein Monster habe Hunderte und Tausende Jahre im Loch Ness überlebt, Elfen würden wirklich Menschen entführen und Kobolde trieben in den Bergen ihr Unwesen. Sie sind stattdessen einfach ein aufgeklärtes Volk, das Geschichten liebt.

Das war schon so, als Geschichten noch eine gängige Währung in den Highlands waren und man sich mit ihnen noch eine Nacht unter einem schützenden Dach und ein

Abendessen erkaufen konnte. Und trotz aller Veränderungen hat sich an dieser Liebe in den letzten Jahrhunderten nichts geändert: Noch immer hat das **Geschichtenerzählen** in Schottland einen ganz besonderen Stellenwert. Davon legen sogenannte ***ceilidhs*** bis heute Zeugnis ab. In früheren Zeiten war das *ceilidh* eine wunderbare Gelegenheit, entfernt wohnende Nachbarn und Verwandte zu sehen, alten Geschichten zu lauschen, gemeinsam zu singen und Musik zu machen, die alten Tänze zu tanzen und Rätsel in Reimform zu lösen. Auf den Inseln im Westen und in abgelegenen Regionen der Highlands ist diese Tradition sogar heute noch in ihrer reinsten Form lebendig. Aber auch als Touristenspektakel wird sie immer beliebter. Bei solchen und anderen Gelegenheiten lauschen die Schotten dann andächtig ihren überlieferten Geschichten und lassen sich gerne wieder verzaubern – ohne dabei jedoch den Sinn für die Realität zu verlieren.

Natürlich habe die ursprüngliche **Nessie,** die vor etwa 12.000 Jahren in der damals noch offenen Meeresbucht gelebt haben soll, inzwischen Nachfahren, und es gebe eine ganze Population von Ungeheuern im See. Das würde Ihnen jeder Schotte mit Inbrunst erklären und dann trotzdem den Geschichten der neuesten Sichtungen lauschen. Denn Nessie muss nicht uralt sein, um zu faszinieren. Auch die **aufgeklärte Variante der Legende** hat ihren ganz besonderen Zauber. Wie zum Beispiel schafften es die Tiere, sich so gut in den Tiefen zu verbergen?

Alles Quatsch, denken Sie? Der zweitgrößte See des Landes hat eine Länge von zehn Kilometern, ist an seiner tiefsten Stelle 230 Meter tief und hat damit ein geradezu gigantisches Wasservolumen von 7,4 Quadratkilometern –

genug, um die Weltpopulation ein paarmal aufzunehmen. Und da wollen Sie sagen, dass es für ein paar Tierchen nicht möglich wäre, sich versteckt zu halten? Beginnen Sie diese Diskussion mal mit einem Schotten! Aber Achtung: Im Land der Träumer und Fantasten ist man geübt darin, Einhörnern, Unterwassermonstern, Feen, Elfen und Kobolden einen Platz in der Welt einzuräumen – und diesen Platz gegen Ungläubige zu verteidigen.

Aber selbst wenn Sie sich trotz aller Bemühungen nicht von der Existenz des Monsters von Loch Ness überzeugen lassen wollen: Verbringen Sie doch mal an einem nebligen Tag ein paar Stunden am Ufer des Sees. Und dann sagen Sie noch mal, dass es da nichts gebe, was sich nicht wissenschaftlich ganz einfach erklären ließe!

DAS MONSTER VON LOCH NESS – DIE GESCHICHTE EINER SUCHE

Tausende Nessie-Sichtungen jährlich und zahlreiche wissenschaftliche Expeditionen, die zum Teil mit großem Aufwand und noch größerem Budget organisiert wurden, legen Zeugnis davon ab, wie lebendig der Zauber von Nessie bis heute ist. Auf lochnesssightings.com kann man sich zum Beispiel über die **aktuellsten Sichtungen** auf dem Laufenden halten. Dass bisher noch jedes Foto als Fälschung entlarvt und jede Suchaktion ohne Ergebnis beendet werden musste, tut der Sache keinen Abbruch. Schließlich handelt es sich beim Loch Ness um ein **undurchdringliches Unterwasserlabyrinth** voller Tunnel,

Höhlen und tiefer Spalten – genug Platz also für eine ganze Großfamilie Nessies, um sich hier zu verstecken. Und das über Jahrtausende hinweg – nämlich seit sich der Zugang zum Meer geschlossen hat.

Der erste Bericht einer Monstersichtung ist bereits **1.500 Jahre** alt. Der heilige Columban, der die britischen Heiden missionieren sollte, soll **565 n. Chr.** einem Monster die Stirn geboten haben, das am Ufer des Loch Ness einen Pikten angriff. Anschließend wurde es erst einmal ruhiger um Nessie, jedoch gab es bis zum Jahr 1800 immer wieder gelegentliche Augenzeugenberichte. **1933** begann dann der große Hype um das Monster, als George Spicer und seine Frau an einem Sommertag aus ihrem Auto heraus beobachteten, wie ein »überaus außergewöhnliches Tier« die Straße überquerte: etwa einen Meter hoch, acht Meter lang, mit einem etwa drei bis vier Meter langen, schmalen Hals, nur wenig dicker als der Rüssel eines Elefanten. So beschrieben sie das seltsame Wesen, das wir heute Nessie nennen. Aufgrund solcher Beschreibungen wird das Ungeheuer von Loch Ness übrigens in der Regel als Plesiosaurier dargestellt, als ein Reptil mit länglichem Körper, winzigem Kopf und vier paddelförmigen Flossen.

Von diesem Moment an gab es sowohl für die Schotten als auch für Besucher aus aller Welt kein Halten mehr. Wachtposten wurden aufgestellt, Kameras installiert, Sonargeräte platziert und alles nur Menschenmögliche getan, um Nessie zu finden. **1987** erreichte die Monsterjagd mit der **Operation Deepscan** ihren Höhepunkt: Eine Kette aus 24 mit Echolot ausgestatteten Booten durchkämmte den

See der Länge nach. Nessie hätte ihnen auf keinen Fall entwischen können, sollte man meinen. Und tatsächlich sollen die Boote Kontakt mit einem Objekt von ungewöhnlicher Größe und Stärke gehabt haben. Das ist zwar noch lange **kein endgültiger Beweis,** aber etwas viel Besseres: Es regt unsere Phantasie an und lässt uns bis heute glauben und hoffen, dass etwas in diesem See lebt, das unsere **Vorstellungskraft** bei Weitem übersteigt. Ein Glaube, an den sich auch die Schotten klammern – und das nicht nur, weil eine ganze Industrie davon lebt, sondern auch, weil es einfach zu schön ist, an eine gute Geschichte zu glauben.

16 NA, WAS TRÄGT ER DENN NUN DRUNTER?

DER KILT UND DIE FRAGE ALLER FRAGEN

»Am wichtigsten ist, dass der Stamm einmal aufrecht stehen bleibt ... und dann in die andere Richtung kippt«, sagt Tamara langsam und hebt dann den Blick von der Broschüre auf ihren Knien. Die vier Mädchen schauen gebannt auf den abgesperrten Sportplatz vor ihnen, auf dem gerade ein Mann in Kilt und Muskelshirt einen aufgerichteten Baumstamm auf seinen verschränkten Händen balanciert. Er schwankt unter dem Gewicht, kommt langsam zum Stehen, geht tiefer in die Knie und wirft den Stamm schließlich senkrecht nach oben, wobei auch sein Kilt urplötzlich in die Höhe geworfen wird. Der Stamm fliegt, neigt sich, senkt sich – und fällt dann einfach zu Boden. Ein enttäuschtes Raunen geht durch die Menge, die sich anlässlich der *Highland Games* auf der Wiese rings um den Sportplatz versammelt hat. Der vollkommen unverständlich gebrummte Kommentar des Moderators auf der Tribüne geht in Rufen und Beifall unter, während sich die Besucher wieder den Bierständen zuwenden und ihre Enttäuschung mit einem Ale herunterspülen. Der Sportler räumt den Platz für den nächsten.

»Also, ihr könnt sagen, was ihr wollt«, sagt Irene, während sie ihm nachsieht. »Auf dieses Stämmewerfen können doch echt nur Männer kommen, die damit irgendwas kompensieren wollen.« Sie macht eine Geste, die unmissverständlich klarmacht, an welchen Teil des Mannes sie dabei gedacht hat. »Überhaupt: Was ist das mit den schottischen Männern und ihren Genitalien?« Sie klingt dabei überraschend entrüstet, sodass Franziska ihren Blick vom Sportplatz abwendet, wo gerade der nächste Teilnehmer beim *tossing the caber,* dem Baumstammwerfen, sein Glück versucht.

»Was meinst du?«

»Na, warum tragen die alle einen Kilt und nichts drunter? Brauchen die das für ihr Selbstbewusstsein?«

»Wie kommst du denn darauf?«

»Habt ihr eben nicht gesehen, dass der nichts drunter hatte?«

Die Mädchen sehen einander an und lachen. Franziska nimmt ein Schluck von ihrem Pint und lässt sich im Gras nach hinten auf die Ellenbogen sinken, wobei ihr die Sonnenbrille über die Augen rutscht. Die Sonne scheint warm auf die Wiese hinab, und die Mädchen sind in einer entspannt-trägen Sonntagsstimmung, zu der die zwei Runden *Indian Pale Ale,* die sie bereits getrunken haben, sicherlich einiges beigetragen haben.

»Im Ernst jetzt, mit denen stimmt doch was nicht«, murmelt Irene noch einmal, die sich unverstanden fühlt. »Ich zeige es euch«, sagt sie dann und lehnt sich ebenfalls nach hinten, wobei sie einem weiteren Kiltträger mit grauem Bart gefährlich nahekommt, der hinter ihr in einer Gruppe von Männern steht. Als Franziska klar wird, was sie damit bezweckt, zischt sie: »Irene!« Doch da ist es schon zu spät: Irene hat sich in Position gebracht, um dem älteren Mann völlig ungeniert unter den Kilt zu spähen. Durch Franziskas Rufen aufmerksam geworden, drehen sich die Männer um und sehen Irene unter sich auf dem Rücken liegen.

Ein kurzer, sehr peinlicher Moment der Stille folgt, den Irene dann mit unkontrolliertem Gelächter unterbricht. *»I am so sorry!«,* ruft sie nach oben und versucht prustend, sich wieder aufzurichten. Die Männer finden das leider gar nicht so witzig, wie Franziska an ihren Gesichtern erkennen kann. Sie versucht, die Situation zu retten: »Sie ist gefallen«, sagt sie schwach auf Englisch und ist schon auf den Beinen, um Irene aufzuhelfen. »Das ist doch wohl ein schlechter Scherz«, sagt der Kiltträger entrüstet und mit starkem schottischen Akzent, bevor die Gruppe das Weite sucht. Nur einer von ihnen dreht sich noch einmal um und wirft den Mädchen ein schelmisches Grinsen zu.

Ein bisschen Privatsphäre bitte!

Was trägt der Schotte unterm Kilt? Diese eine Frage beschäftigt den Hosen tragenden Teil der Menschheit schon seit Generationen. Männer stellen sie mit einer unentschiedenen Mischung aus Ehrfurcht und Skepsis, unsicher, ob sie nicht am liebsten selbst mit frei schwingender und winderfrischter Männlichkeit durch die Weltgeschichte laufen würden, Frauen kichernd hinter vorgehaltener Hand. Die Vorstellung des nackten Männerhinterns unter dem groben Stoff erhitzt die Gemüter und lässt auch vielen Schottlandurlaubern einfach keine Ruhe. Doch mal ehrlich: Spielt es wirklich eine Rolle?

Eigentlich nicht. Zum mindesten nicht genug, um einen stolzen Kiltträger indiskret danach zu fragen – oder gar auf eigene Faust zu versuchen, es herauszufinden. Denn der Kilt ist genau das: ein Zeichen des **Stolzes.** Was den Touristen anmuten mag wie ein neckisches Kostüm, das nur der Bespaßung der Urlauber dient und das Klischee erfüllen soll, ist für den Schotten eine **enge Verbindung zur Vergangenheit seiner Familie** und seines Landes. Es ist nämlich keinesfalls eine Frage des Geschmacks, welches Karomuster der Kilt aufweist. Stattdessen hat jeder **Clan** seit Generationen sein eigenes Webmuster, einen sogenannten ***tartan.*** Jedesmal, wenn ein Mann den Kilt um seine Hüften schlingt – ob er nun etwas darunter trägt oder nicht –, verbindet er sich also gleichzeitig mit seiner Geschichte und seiner Familie. Es ist also kein Wunder, dass er dann mit stolzgeschwellter Brust herumspaziert.

Und solch einen Mann, dem gerade wieder bewusst geworden ist, dass er Teil von etwas Großem ist, das weit in die Vergangenheit zurückreicht, wollen Sie nun fragen, was er denn unter dem Kilt trägt? Lassen Sie es lieber – und überlassen Sie manche Dinge einfach Ihrer persönlichen Vorstellungskraft. Und wo wir gerade darüber sprechen:

Auch die Touristenkilts können – und sollten – Sie sich sparen. Billige Karoröcke »made in China«, wie man sie in jedem Souvenirshop in Schottland kaufen kann, sind wirklich kein Zeichen guten Geschmacks und ziehen das stolze Symbol einfach nur ins Lächerliche.

KLEINE KILTKUNDE

Der Kilt ist eines der stärksten Symbole schottischer Identität und repräsentiert das Land so zuverlässig, dass es keiner weiteren Erklärungen bedarf, um einen Menschen für alle erkennbar als Schotten auszuweisen.

Der Kilt, den wir heute kennen, geht auf ein Kleidungsstück zurück, das vor allem eins war: praktisch! Das sogenannte ***belted plaid*** war nämlich ein wahrer Allrounder – und perfekt auf die Bedürfnisse im täglichen Leben der Highlander abgestimmt. Es handelte sich dabei um ein etwa anderthalb Meter breites und bis zu sechs Meter langes Stück Stoff, das in einer ausgefeilten Technik in komplizierten Falten um den Körper geschlungen und dann mit einem Gürtel und einer Fibel befestigt wurde. Der übrige Stoff wurde als Schärpe über die Schulter geworfen und diente den Hochlandschotten als Mantel oder Umhang. Nachts konnten sich die Männer in ihr Plaid einhüllen; es bot Schutz vor Kälte und Nässe, ohne dabei die Bewegungsfreiheit seines Trägers einzuschränken. Was könnte man mehr von einem einzigen Kleidungsstück erwarten?

Wie daraus schließlich der **kleinere Kilt** wurde, den wir heute überall in Schottland sehen, darüber gibt es verschiedene Geschichten. Während eine besagt, dass dadurch verhindert werden sollte, dass der Highlander sofort splitterfasernackt dastand, sobald er sich – zum Beispiel vor einem Kampf – der Stoffmengen entledigte, erzählt eine andere von dem englischen Fabrikbesitzer Thomas Rawlinson, der an seinem Hochofen Schotten beschäftigte, die mit ihren voluminösen Plaids ständig Gefahr liefen, in Flammen aufzugehen. Für sie soll er deshalb das sogenannte kleine Plaid entworfen haben. Das würde zwar bedeuten, dass in Wahrheit ein Engländer Erfinder des Kilts war, wie wir ihn heute kennen, wäre aber eine durchaus denkbare Variante. Das **kleine Plaid** enthält deutlich weniger Stoff als das *belted plaid* und wird nur um die Hüften geschlungen und mit einer Schnalle befestigt.

Funde belegen übrigens, dass die Stoffe im schottischen Hochland bereits im 3. Jahrhundert ein **einfaches Karomuster *(tartan)*** aufwiesen – auch wenn das Muster damals noch kein Zeichen der Zugehörigkeit zu einem bestimmten Clan darstellte. Ursprünglich war es eher ein Hinweis auf den Weber des jeweiligen Stoffes und so etwas wie sein Markenzeichen. Da ein Weber aber in der Regel ein bestimmtes Einzugsgebiet hatte, das er mit seinen Stoffen versorgte, und die meisten Menschen in der Umgebung dem gleichen Clan angehörten, war auch darüber oft schon eine sehr grobe Zuordnung möglich. Erst später wurde der *tartan*, also das Webmuster und seine Farbauswahl, bewusst von den Clans gewählt. Festgelegt wurde er vom *clan chief* selbst, der damit – in vielen Fällen bis heute – den Dresscode für seine Gefolgsleute vorgab.

Systematisch geschah dies jedoch erst seit dem Ende des 18. Jahrhunderts. Das ist vor allem deshalb bemerkenswert, weil die Hochlandkleidung, einschließlich des Kilts, erst wenige Jahrzehnte zuvor verboten worden war. Nachdem der zweite Jakobitenaufstand im April 1746 in Culloden sein tragisches Ende gefunden hatte, wurden im ***Disarming Act*** sämtliche Symbole der Clankultur verboten, darunter auch der Kilt und mit ihm die *tartans* der Clans. Das traditionelle schottische Clansystem stand vor dem Aus und wäre wohl für immer untergegangen, hätte George III. das Verbot nicht 1782 aufgehoben und hätte sich nicht Queen Victoria, Enkeltochter des besagten Königs, unsterblich in Schottland und die Clankultur verliebt und ihr so zu einem Revival verholfen. Die romantische Vorstellung vom Leben in den Highlands, der Victoria damals verfiel, lebt bis heute fort und findet unter anderem in Kilt und Dudelsack ihren Ausdruck.

Getragen wird der Kilt heute hauptsächlich zu **offiziellen Anlässen, zu Hochzeiten und Familienfeiern,** aber auch zu **Militärparaden** und den ***Highland Games.***

17 BITTE WAS IST IN *HAGGIS* DRIN?

KEINE ANGST VOR DEM SCHOTTISCHEN NATIONALGERICHT!

»Essen ist fertig!« Pauls Gesicht leuchtet stolz, als er den Kopf zum Küchenfenster hinausstreckt – begleitet von einem köstlichen Duft, den Franziska nicht näher definieren kann. Die Mädchen haben es sich im Garten auf zwei Liegestühlen und einer Decke gemütlich gemacht und sich die Wartezeit bis zum Abendessen mit Anekdoten vertrieben, in denen es vor allem um Sophies letzte Onlinedates ging, während Paul in der Küche hantierte. Was es geben wird, hat er noch nicht verraten, nur durchblicken lassen, dass es eine schottische Spezialität sei. Diese Ankündigung reichte aber schon aus, um eine ungute Ahnung in Franziska zu wecken. Um die Mädchen nicht zu beeinflussen, hat sie bisher geschwiegen. Ihre Befürchtung bestätigt sich jedoch, als sie mit Tamara die Küche betritt und sechs Teller mit einer undefinierbaren braunen Masse neben einem zähen weißen und einem orangefarbenen Brei auf dem Tisch stehen sieht. »*Haggis* mit *neeps and tatties!*«, ruft Paul und macht eine einladende Geste in Richtung Tisch.

»Oha!«, rutscht es Franziska heraus, und an Tamaras sorgenvollem Blick erkennt sie, dass ihr Plan, die Mädchen nicht zu beeinflussen, nicht aufgegangen ist.

Als sie alle am Tisch sitzen, schenkt Paul jedem Mädchen ein kleines Glas Whisky ein und lässt sich dann feierlich am Kopf der kleinen Tafel neben seiner Freundin Judy nieder. »*Enjoy!*«, sagt er und beginnt mit leuchtenden Augen, Essen auf seine Gabel und dann in den Mund zu schaufeln. Auch Judy, die neben ihm sitzt, lässt es sich sichtlich schmecken. Einmal mehr ist Franziska erstaunt, welche Mengen diese zierliche Person verschlingen kann. Die vier Mädchen aus Deutschland schauen ihnen dabei zu, Tamara schnuppert skeptisch an ihrem Whisky.

»Esst, bevor es kalt wird«, schiebt Paul schließlich mit vollem Mund nach, während er so tut, als würde er die angeekelten Blicke der Mädels nicht bemerken. »Das ist der beste *haggis* in Schottland, ganz frisch von Duncan Fraser & Son unten aus der Stadt.« Er kaut kurz und fügt dann hinzu: »Die gibt es schon seit mehr als hundert Jahren – die wissen also echt, wie man *haggis* macht.« Und schon verschwindet die nächste Portion in seinem Mund.

»Okay, aber was ist denn da nur drin?«, fragt Tamara.

»Schafsinnereien«, antwortet Paul, als wäre das offensichtlich.

Sophie fällt fast die Gabel aus der Hand. »Bitte *was* ist da drin?«

»Schafsinnereien«, wiederholt Paul geduldig. »Schafsmagen gefüllt mit Herz, Leber, Lunge und Nierenfett vom Schaf. Und ein bisschen Mehl und Zwiebeln sind auch noch drin.«

Die Mädchen schweigen.

»Und was ist das hier?«, fragt Franziska schließlich, um die peinliche Situation zu entspannen, und deutet auf die weiße und die orangefarbene Masse.

»*Neeps and tatties,* gestampfte Kartoffeln und Rüben.«

Franziska nickt anerkennend und schiebt sich eine kleine Portion Stampfkartoffeln auf ihre Gabel. Auch die anderen Mädchen beginnen nun, im Gemüsebrei herumzustochern, erleichtert, wenigstens etwas davon essen zu können. Am Ende sind alle vier Teller auf einer Seite fein säuberlich abgegessen – und auf der anderen Seite ist der *haggis* zu ordentlichen Häufchen zusammengeschoben. Nur Franziska hat noch mal ein paar Bissen *haggis* probiert.

»Tut mir leid«, sagt Irene schließlich. »Ich krieg das wirklich nicht runter.«

Sophie und Tamara nicken betroffen und schieben ihre Teller ebenfalls von sich. Die Whiskygläser hingegen haben alle vier Mädchen restlos geleert.

Paul versucht, sich seine Enttäuschung nicht anmerken zu lassen. »Dann bleibt mehr für Judy und mich«, sagt er mit einem gequälten Lächeln und greift über den Tisch nach Irenes Teller.

Über den eigenen Tellerrand hinausblicken

Wer im Wursthaus sitzt, sollte nicht mit Steinen werfen! Klingt komisch, ist aber eine durchaus sinnvolle Abwandlung der altbekannten Redensweise. Denn welches Volk sollte die Begeisterung der Schotten für ihr *haggis* verstehen können, wenn nicht jenes, das so stolz auf Gerichte wie Blutwurst, Weißwurst, Leberwurst und Pfälzer Saumagen ist? Die Schotten für ihren *haggis* pauschal zu verurteilen, ist deshalb nicht nur scheinheilig von uns – es sei denn, man ist Vegetarier –, sondern zugleich kulinarisch kaum zu vertreten. Denn: Ein gut gemachter *haggis* schmeckt köstlich!

Zugleich ist das Konzept hinter der schottischen Nationalspeise auch einfach sinnvoll: Wie die meisten Gerichte dieser Art entstand der *haggis* aus der Not heraus, die nur allzu verderblichen Innereien der Schafe nach der Schlachtung schnellstmöglich so zu verarbeiten, dass sie sich länger hielten. Eine Verschwendung der wertvollen Lebensmittel hätte sich damals niemand leisten können oder wollen – und es ist auch heute noch zu ärgerlich, dass nicht immer alles verbraucht wird, was ein geschlachtetes Tier zu bieten hat. Damals aber, als eine Familie oft nicht mehr als ein paar Schafe, einige wenige Rinder und vielleicht noch Hühner hatte, war es eine dringende Notwendigkeit. Neben Milch, Fleisch und Wolle wurden deshalb natürlich auch das Fett bzw. der Talg der Schafe (zur Herstellung von Seife, Schmier- oder Brennstoff), die Eingeweide und selbst die Knochen verwendet. Das mag bei den sparsamen Schotten nicht weiter verwundern, war aber früher überall auf der Welt üblich.

Rümpfen Sie also nicht die Nase, wenn man Ihnen *haggis* anbietet! Verstehen Sie es als ein weiteres Zeichen der Verbundenheit der Schotten mit ihrer Vergangenheit – und probieren Sie ruhig davon. Sie werden von der aromatischen **Würze** überrascht sein, der vielerorts noch ein Tropfen **Whisky** beigemischt wird, um dem Gericht eine feine Rauchnote zu verleihen.

Klassischerweise wird *haggis* in Schottland mit ***neeps and tatties*** serviert, gestampften Steckrüben und Kartoffeln.

Immer mehr innovative Köche interpretieren das Nationalgericht aber neu und verwandeln es in clevere, moderne Gerichte, die Sie ebenfalls probieren sollten, wenn Sie Gelegenheit dazu bekommen. Dazu zählen neben dem *Highland burger* mit *haggis* im Royal McGregor in Edinburgh auch *haggis*-Häppchen mit Senf-Mayo in Bert's Bar, aufgetürmte *haggis stacks* oder *haggis fritters* mit einer feinen Butterkruste.

Und wenn Sie doch Vegetarier sind? Dann können Sie **fleischlosem *haggis*** aus Haferflocken, Linsen, Nüssen, Kidneybohnen, Zwiebeln und Gewürzen eine Chance geben!

FOODGUIDE: SCHOTTISCHE SPEZIALITÄTEN JENSEITS VON *HAGGIS*

Die schottische Küche ist (heutzutage) viel besser als ihr Ruf. Wer sich davon überzeugen möchte, sollte diese Spezialitäten probieren:

Deftige Küche:

Fish & chips – Der Klassiker klingt zunächst nach fettig und ungesund, doch die junge schottische Küche setzt auf wenige, hochwertige Zutaten und zaubert aus dem Imbissbudengericht echten Hochgenuss.

Scotch pie – Pasteten jeglicher Art sind in Schottland sehr beliebt und überall als unkompliziertes Fastfood zu erhalten. Mit hochwertigem, regionalem Lammfleisch gefüllt, werden sie jedoch zur Delikatesse.

Cock-a-leekie soup – Dieser Eintopf ist eigentlich nichts anderes als eine klassische Hühnersuppe. Er wärmt wunderbar durch, kann als Vor- oder Hauptspeise genossen werden und ist Soulfood für Ihren Urlaub.

Cullen skink – eine kräftige Fischsuppe, die traditionell mit geräuchertem Schellfisch zubereitet wird. Sie stammt ursprünglich von der schottischen Nordwestküste, und hier schmeckt sie auch heute noch am besten.

Scotch broth – Vollgepackt mit allem, was nach einem langen Tag an der frischen Luft stärkt und sättigt – mit diesem Eintopf aus Graupen, Rüben, Karotten, Lauch und Lammfleisch machen Sie nichts falsch.

Scotch eggs – Die im Hackfleischmantel frittierten hart gekochten Eier sind klassische Pub-Snacks und schmecken in den meisten Fällen deutlich besser, als man bei dieser Beschreibung zunächst vermuten würde.

Probieren Sie außerdem Gerichte mit lokal produziertem *(locally sourced) Aberdeen Angus beef* (Rindfleisch), *scotch lamb* (Lammfleisch), *Scottish smoked salmon* (geräuchertem Lachs) und *mussels* (Muscheln) – am besten aus nachhaltiger Fischzucht bzw. Landwirtschaft *(grown/farmed/caught sustainably).*

Süßspeisen:

Shortbread – Das süße Mürbeteiggebäck wird traditionell zum Tee gereicht. Es erinnert an unser Sandgebäck und hält sich lange, weshalb es ein tolles Mitbringsel von der Insel ist.

Cranachan – Perfekt für Schleckermäuler: Das klassische Sommerdessert wird mit Sahne, Frischkäse, Haferflocken und frischen Himbeeren zubereitet und meist als Schichtdessert im Glas serviert. Ein Hingucker!

Ginger cake – Schotten haben eine Vorliebe für Ingwer, und so ist es auch kein Wunder, dass ein Ingwerkuchen mit Zimt zu den süßen Klassikern der schottischen Küche gehört. Vor allem in der Vorweihnachtszeit kommt man nicht daran vorbei.

Clootie dumpling – Ingwer spielt auch bei diesem traditionellen Früchte-Gewürzknödel eine Rolle. Seine Form und Konsistenz verdankt er der Tatsache, dass alle Zutaten zunächst verknetet werden und der Teig dann in ein Tuch *(cloth)* gewickelt stundenlang vor sich hin köchelt – daher auch der Name.

Dundee cake – Ein würziger Kuchen mit getrockneten Früchten, der sowohl zum Nachmittagstee als auch als krönender Abschluss eines Menüs zum Nachtisch gereicht wird. Für das Finish wird er mit etwas Whisky beträufelt. Klassiker beim *Burns Supper,* einem Fest zu Ehren des schottischen Dichters Robert Burns, das am 25. Januar gefeiert wird!

18 LINKSVERKEHR IST GANZ EASY, ODER?

AUF DER »FALSCHEN« STRASSENSEITE FAHREN

»Okay, warte, gib mir einen Moment«, sagt Franziska, setzt sich aufrecht hin, legt beide Hände auf das Lenkrad und schließt kurz die Augen. »Bremse links, Gas rechts«, murmelt sie und öffnet mit einem tiefen Atemzug die Augen wieder.

Neben ihr grinst Paul unauffällig in sich hinein. Er hat fünf Kilometer hinter dem Flughafen einfach am Straßenrand angehalten und den Fahrersitz seines alten Mercedes für Franziska geräumt. »Du musst es ja lernen«, erklärte er, und Franziska war ihm dankbar für die Ablenkung. Vor einer Stunde erst hat sie ihre Freundinnen zum Check-in begleitet und sich dann schweren Herzens wieder von Irene, Sophie und Tamara verabschiedet. Das plötzliche Heimweh, das sie dort übermannte, hat sie selbst vollkommen überrascht. Paul, der im Auto auf sie gewartet hatte, spürte natürlich sofort, dass sie nun etwas Aufmunterung vertragen konnte – und entschied kurzerhand, dass eine Linksverkehr-Fahrstunde eine gute Therapie wäre. Bis vor wenigen Sekunden teilte Franziska diese Ansicht auch noch.

Jetzt allerdings, auf dem Fahrersitz, der sich auf der falschen Seite befindet, mit dem Schalthebel, der irritierenderweise links von ihr aus der Mittelkonsole ragt, und den anderen Autos, die als Geisterfahrerkolonne rechts an ihr vorbei ziehen, fühlt es sich plötzlich ganz anders an.

»In Ordnung – ganz ruhig und Kupplung treten«, sagt Paul vom Beifahrersitz aus und dreht den Schlüssel im Schloss. Der Mercedes erwacht zum Leben. »Du brauchst jetzt nichts weiter zu tun, als rechts zu blinken und dich in den Verkehr einzuordnen. Dann fährst du ein Stück, und ich sage dir, wann du wieder links blinkst und rausfährst. Alles klar?«

Sein schottischer Singsang, um eine vertrauensbildende Fahrlehrernuance verfeinert, wirkt nun auf einmal herrlich beruhigend, stellt Franziska fest. Sie legt mit der linken Hand den Gang ein, sieht in den rechten Seitenspiegel, blinkt, fährt los, beschleunigt und zieht den Wagen schließlich mit einer wagemutigen Hauruckbewegung auf die Fahrbahn. Und schon passiert es: Sie fährt auf der linken Straßenseite!

»Whoohoo!«, jubelt sie vorsichtig und mit dünner Stimme, den Blick auf den Tacho gerichtet.

»Du kannst ruhig etwas schneller fahren«, wirft Paul nach ein paar Minuten ein, in denen er beobachtet hat, wie sich auf der einspurigen Straße immer mehr Autos hinter ihnen drängelnd zu einer Schlange formiert haben. Ermutigt tritt Franziska das Gaspedal etwas weiter durch.

Die Schilder am Straßenrand weisen die Black Isle aus, in der Ferne sieht Franziska sanfte Hügelketten, und am Straßenrand grasen flauschige Schafe hinter verwitterten Steinmauern – und plötzlich wird das Fahren zum Vergnügen! Franziska schaltet einen Gang höher, fährt sich durchs Haar und stützt den rechten Ellenbogen am Fenster ab. Auch Paul neben ihr beginnt, sich zu entspannen. Ein Wegweiser nach Cromarty bringt ihn auf eine Idee, und er bittet Franziska, rechts abzufahren. Keine leichte Aufgabe auf der vielbefahrenen A9, wie Franziska feststellt, doch es gibt eine separate Spur für Abbieger und schließlich sogar ein winziges Zeitfenster, in dem sie die Straße überqueren kann. Sicher auf der anderen Seite angelangt, wendet sie sich, ein Lob erwartend, Paul zu, der sie jedoch entgeistert anstarrt – und hinter ihm, durch das Seitenfenster, sieht sie einen wutschnaubenden Motorradfahrer. Auf der falschen Seite des Autos. Auf der falschen Straßenseite! Entsetzt stellt Franziska fest, dass nicht *er* auf der falschen Straßenseite steht, sondern sie – und dass frontal vor ihr ein weißer Transporter zum Stehen gekommen ist. Schnauze an Schnauze mit dem alten Mercedes.

Die oberste Regel des Linksverkehrs

Nein, nicht die falsche Straßenseite ist der größte Feind eines Rechtsfahrers, der zum ersten Mal links fahren muss! Auch wenn Sie das sicher denken. Nein, es ist die Gewohnheit, das Gefühl, alles im Griff zu haben. Genau darin liegt die Gefahr. Denn welche Straßenseite die richtige ist, wie wir abbiegen und wohin wir vor dem Gegenverkehr ausweichen müssen, das vergessen wir nicht, wenn wir zum allerersten Mal auf der »falschen« fahren. Im Gegenteil: Wir können an nichts anderes denken! Jede Bewegung ist bedacht, jede Entscheidung wird blitzschnell noch einmal kritisch überprüft. Es ist, wie wenn man ganz frisch aus der Fahrschule kommt und sich tatsächlich noch daran erinnern kann, welche Antworten auf dem Theoriebogen die richtigen waren und warum. So gut ist man hinterher nie wieder. Doch dann schleicht sich Routine ein. Dann hat man 43 Rechtsabbiegemanöver hinter sich, und was kann da bei Nummer 44 schon schiefgehen? Alles! Das ist der kritische Punkt in jedem Großbritannienurlaub mit Auto. Und den gilt es zu überlisten.

Am leichtesten ist es, wenn sich **mehrere Fahrer** die Aufgabe teilen und sich beim Autofahren abwechseln. Dann geht nämlich immer wieder mal ein frischer Kopf ans Steuer, der sich zuvor ganz kurz in Erinnerung gerufen hat: *Achtung, hier ist etwas anders! Ich muss mich jetzt konzentrieren.* Zugleich können sich zwei oder mehr Fahrer hin und wieder gegenseitig darauf hinweisen, dass sie gerade in kontinentale Fahrgewohnheiten zurückverfallen – und dass das wirklich keine gute Idee ist. Klappt das nicht und gibt es nur einen Fahrer, kann man sich mit kleinen **Post-its oder Aufklebern,** deren Position man hin und wieder ändert, daran erinnern, dass auf Schottlands Straßen andere Regeln gelten.

Noch ein Tipp: Die Umstellung auf den Linksverkehr fällt leichter, wenn Sie vor Ort einen **Rechtslenker** mieten und nicht mit Ihrem eigenen Wagen auf die Insel fahren. So bedürfen nämlich bereits das Einsteigen und das Bedienen der Armaturen eines Umdenkens – und das erinnert den Kopf noch einmal daran, dass er sich beim Fahren auf der »falschen« Straßenseite lieber nicht allzu sicher fühlen sollte ...

DIE WICHTIGSTEN VERKEHRSREGELN IM LINKSVERKEHR

1. **Links fahren:** Der Name verrät es schon: Im Linksverkehr wird auf der linken Straßenseite gefahren und auf der rechten überholt. Das heißt, es gibt genauso ein Linksfahrgebot, wie es in Deutschland ein Rechtsfahrgebot gibt (auch wenn es nicht jeder kennt oder beachtet): Wer nicht überholt, fährt auf der linken Spur. Zum Ausweichen fährt man dann natürlich an den linken Fahrbahnrand – entweder um ein folgendes Auto überholen oder um ein entgegenkommendes Fahrzeug passieren zu lassen. Das wird vor allem auf einspurigen Straßen in den Highlands interessant.
2. **Vorfahrt gewähren:** Leider lassen sich aber nicht alle Regeln einfach so aus dem Rechtsverkehr ableiten wie das Linksfahrgebot. Gilt in Deutschland an Kreuzungen ohne weitere Kennzeichnungen immer »rechts vor links«, lässt sich das auf Schottland nicht übertragen. Gibt es keine Schilder, die die Vorfahrt eindeutig regeln, verständigen sich die Autofahrer mit Gesten. Das führt nicht selten zu Verwirrung. Da das aber überwiegend in den Highlands passiert und die Menschen hier generell etwas achtsamer miteinander umgehen, geht es meistens gut.

3. **Rechts abbiegen:** Was für deutsche Fahrschüler das Linksabbiegen ist – Sie wissen schon, das bisweilen kniffelige Überqueren der gegenüberliegenden Fahrbahn – ist in Schottland das Rechtsabbiegen. Hier reicht ein kurzer Blick über die rechte Schulter nicht aus: Sie müssen den gesamten Verkehrsfluss beobachten! Achten Sie unbedingt sorgfältig auf den Gegenverkehr, bevor Sie sich aus der Deckung wagen.
4. **Kreisverkehre passieren:** Kreisverkehre sind schon so etwas wie die Königsdisziplin im Linksverkehr – nur gibt man Ihnen praktisch keine Zeit, sich vorher daran zu gewöhnen. Relativ bald, nachdem Ihr Mietwagen den Parkplatz verlassen hat, werden Sie Ihren ersten Kreisverkehr erreichen. Nutzen Sie die Feuerprobe, Sie kommen ohnehin nicht drum herum! Was Sie dabei beachten müssen: In Schottland fahren Sie, ohne zu blinken, links in den Kreisverkehr hinein und blinken dann beim Herausfahren links. Bei mehrspurigen Kreisverkehren, wie die Briten sie lieben, gibt es eine einfache Regel (auch wenn die Bewohner der Insel gerne behaupten, es wäre ein unergründliches Mysterium, das niemand jemals entschlüsseln könnte): Wer den Kreisverkehr *vor* oder *auf der Hälfte* verlässt, ordnet sich ganz links ein, für alle anderen ist die rechte Spur reserviert. Sollte es noch mehr Spuren geben, sind sie in der Regel gekennzeichnet und beschriftet. Sollten Sie im Kreisverkehr eine 360-Grad-Drehung (»U-Turn«) machen oder gleich an der ersten von vielen Ausfahrten links ausfahren wollen, können Sie bereits beim Einfahren rechts bzw. links blinken.

5. **Linksverkehr gilt auch für Fußgänger:** Vergessen Sie nicht, dass Sie auch dann am Linksverkehr teilnehmen, wenn Sie gerade nicht im Auto sitzen. Das heißt, dass Sie beim Überqueren einer Straße immer zunächst *nach rechts* schauen müssen – und nicht, wie gewohnt, nach links. Sonst kann es ganz schnell gefährlich werden. Also: Erst rechts, dann links, dann gehen.

19 ALSO, DER MUSS JETZT WIRKLICH WARTEN!

RÜCKSICHTSVOLL AUTO FAHREN IN DEN HIGHLANDS

»O mein Gott, ich liebe es!«, ruft Franziska vergnügt und nimmt schwungvoll die nächste Kurve der A832. Es ist Dienstagvormittag, und nur wenige andere Autos sind um diese Zeit auf einer der schönsten Straßen Schottlands durch die Highlands unterwegs. An Achnasheen vorbei sind sie und Paul dem Ufer des Loch a' Chroisg gefolgt und halten jetzt auf Kinlochewe zu. Sie haben noch viel vor an diesem Tag, bevor sie am Abend im The Torridon ankommen, wo sie übernachten werden, und Paul ist froh, dass Franziska das Fahren auf der linken Seite inzwischen so viel

Spaß macht. Im Autoradio läuft laute Musik, und Franziska macht sich ein Vergnügen daraus, hin und wieder im Rhythmus der Songs zu beschleunigen. Links und rechts schroffe, karge Berghänge unter einem strahlend blauen Himmel – und weit und breit kein Mensch zu sehen.

In Kinlochewe lässt Paul Franziska links abbiegen. Die Schilder weisen Torridon aus, und Paul weiß, dass der schönste, aber auch anspruchsvollste Teil ihrer Strecke jetzt direkt vor ihnen liegt. Höher und höher türmen sich die Berghänge zu beiden Seiten des langgezogenen Tals auf, sie schließen sich um den Mercedes, verschlingen ihn geradezu. Franziska jauchzt glücklich bei ihrem Anblick, doch in der Ferne sieht Paul schon das Schild, auf das er gewartet hat: den Hinweis, dass die Straße ab sofort einspurig ist. Als sie näherkommen, drosselt Franziska das Tempo. Mit hochgezogenen Augenbrauen wendet sie sich Paul zu. »Einspurig? In beide Richtungen?«

»Eine Spur *für* beide Richtungen«, präzisiert er.

Franziska gibt ein lang gezogenes »Okay ...« von sich und biegt auf die einspurige Straße ein.

Es kommt, wie es kommen muss: Hinter einer Biegung taucht ein Stück vor ihnen auf der gewundenen Straße ein Auto auf. »Mist!«, flucht Franziska. »War ja klar!« Doch das andere Auto wird langsamer, der Fahrer fährt schließlich in eine Bucht und betätigt die Lichthupe.

»Du darfst fahren«, sagt Paul ruhig.

Franziska fährt langsam an und passiert kurz darauf problemlos den anderen Wagen, der in einer kleinen Seitentasche der Straße wartet. Sie ist mit einem gelben Schild gekennzeichnet, auf dem *»passing place«* geschrieben steht. »Das war ja einfach«, seufzt sie erleichtert und beschleunigt wieder, den Blick bereits halb auf die Berge gerichtet. Links zeigt sich eine kleine Hütte, eingebettet zwischen Heidekraut und Ginster. Eine Gruppe Wanderer in bunter Funktionskleidung folgt dem gewundenen Pfad, der sich von dort in Richtung Straße schlängelt.

Als sich Franziska wieder voll der Straße zuwendet, entfährt ihr ein ängstliches Quieken. Etwa 20 Meter vor ihr biegt ein Kleinbus um eine Kurve. Den letzten *passing place* auf seiner Seite hat er eben verpasst, und auch Franziska sieht aus dem Augenwinkel, wie gerade ein gelbes Schild an ihnen vorbeizieht. Zu spät!

»Halt an«, sagt Paul mit ruhiger Stimme, und Franziska tritt so abrupt aufs Bremspedal, dass sie beide nach vorne gerissen werden. »Jetzt rückwärtsfahren.«

»Was?« Franziska sieht ihn entgeistert an, bemerkt aber, dass der Kleinbus im Schritttempo weiter auf sie zuhält.

»Rückwärtsfahren – und in die Bucht rein!«, sagt Paul, jetzt schon bestimmter.

»Aber warum ich?«, fragt sie, während sie ungelenk den Rückwärtsgang einlegt und sich umdreht. Die Straße ist schmal, und sie befürchtet, in den Graben zu fahren.

»Weil du nicht aufgepasst hast«, sagt Paul kühl und deutet mit einer Handbewegung eine Entschuldigung an, als der Kleinbus an ihnen vorbeifährt.

Passing places in den Highlands richtig nutzen

Die Highlands sind ein wunderbarer Ort: Die Menschen grüßen einander, sind höflich, zuvorkommend und großzügig. Fast so, als würde der Mensch – vollkommen auf die Natur zurückgeworfen – daran erinnert werden, was es eigentlich bedeutet, ein Mensch zu sein. Das gilt auch beim Autofahren: Hier nimmt man Rücksicht, stellt sich selbst auch mal zurück und geht einfach nett miteinander um. Der perfekte Ort für *passing places!*

Damit dieses wundervolle System der gegenseitigen **Rücksichtnahme** und Selbstlosigkeit aber funktionieren kann, ist es wichtig, dass jeder mal derjenige ist, der den *passing place,* also die kleine **Ausweichbucht am Straßenrand,** nutzt, um ein **entgegenkommendes oder folgendes Auto** passieren zu lassen. Wenn Sie sich zum Beispiel gerade auf einer Fototour durch die Berge befinden und im Schneckentempo über die Straße kriechen, wäre es sehr rücksichtsvoll von Ihnen, den kleinen Transporter überholen zu lassen, der hier in der Gegend etwas zu erledigen hat. Oder die Einheimischen, die nach einem Arbeitstag zurück nach Hause wollen. Halten Sie sie nicht unnötig auf, während Sie selbst die Berge bestaunen.

Die goldene Regel für *passing places* in den Highlands: Es fährt derjenige in die Bucht, für den es **einfacher und mit weniger Aufwand** verbunden ist – entweder, weil man selbst schon gesehen hat, dass sich Gegenverkehr nähert, und gerade unkompliziert in eine Bucht ausweichen und dort warten kann, oder weil man derjenige ist, der nicht mit den Hinterreifen über einer Klippe balancierend rückwärtsfahren muss, um die Bucht zu erreichen. Oft ist es eindeutig, wer ausweicht, manchmal sogar dadurch vorgegeben, auf welcher Straßenseite die *passing places* angelegt sind. Hierzu jedoch eine wichtige Anmerkung: Wenn der *passing place* von Ihnen aus gesehen auf der rechten Seite der Straße liegt, heißt das erstens nicht, dass Sie nicht auch anhalten können, und es heißt zweitens nicht, dass Sie beim

Anhalten *rechts* in die Bucht hineinfahren sollen. Stattdessen bleiben Sie *auf Ihrer Straßenseite* stehen und lassen den Gegenverkehr oder das folgende Auto rechts durch die Bucht an sich vorbeifahren.

Sollten übrigens beide Fahrer gleichermaßen zuvorkommend sein wollen, ist es üblich, dem anderen mit einem **Lichtsignal** das Zeichen zum Fahren zu geben. Und noch ein Zeichen ist essenziell wichtig: **Grüßen und danken** Sie beim Vorbeifahren mit der Hand und lächeln Sie. Das hebt die Stimmung aller und trägt dazu bei, dass sich jeder darum bemüht, auch weiterhin rücksichtsvoll und achtsam zu fahren.

20 EIN DÜNNES JÄCKCHEN REICHT DOCH!

AUF ALLE EVENTUALITÄTEN VORBEREITET SEIN

Wenige Minuten später lässt Paul die zerknirschte Franziska in einer Parkbucht anhalten. Hier stehen heute nur wenige Autos und ein Wohnmobil, aber Paul erzählt, dass dieser Hotspot im Tal von Torridon im Hochsommer leider oft wahnsinnig überlaufen ist. Als sie ausgestiegen sind, streckt Franziska sich genüsslich, hält das Gesicht in die Sonne und nimmt die spektakuläre Aussicht ausgiebig in sich auf. Es dauert nicht lange, bis sie ihre Kamera zückt und durch das Heidekraut am Straßenrand stapft, um eine Distel in den Vordergrund ihres nächsten Fotos zu rücken, die Nationalblume Schottlands. Paul lässt sie eine Weile gewähren, dann öffnet er den Kofferraum, nimmt seine Wanderschuhe heraus und beginnt, sie anzuziehen.

Als sich Franziska zu ihm gesellt, fragt sie überrascht: »Ach, machen wir eine Wanderung?«

»Ja, ich würde dir gerne etwas zeigen. Wir sollten nicht länger als zwei bis drei Stunden unterwegs sein.«

Triumphierend hält er ihre Wanderschuhe hoch, die er am Morgen unbemerkt in den Kofferraum gepackt hat. Weiter hinten im Auto sieht Franziska nun auch einen vollgepackten Rucksack und mehrere Trinkflaschen neben ihrer kleinen Reisetasche stehen, die sie für die nächsten Tage gepackt hat. Pauls abenteuerlustiges Lächeln ist ansteckend, und so greift sie grinsend nach den Schuhen, setzt sich in den geöffneten Kofferraum und zieht die Schuhe an. Paul schnappt sich den Rucksack und macht mit seinem Smartphone ein Foto von ihr, wofür sie sich prompt in Entdeckerpose schmeißt. Beide lachen, und Franziska schließt schwungvoll den Kofferraum.

»Und deine Jacke?«, fragt Paul, als sie sich zum Gehen wenden will.

»Brauche ich denn eine?«

Paul lacht. »Du brauchst *immer* eine Jacke, wenn du hier draußen unterwegs bist.«

Franziska sieht an sich herunter – ihr dünnes T-Shirt hat sie halb in die Jeans gesteckt – und betrachtet dann Paul, der sich eine leichte Jacke um die Hüfte gebunden hat.

»Im Rucksack habe ich auch noch einen Pullover«, sagt er, als sei das selbstverständlich.

»Wozu?«, fragt sie nun etwas fassungslos. Es sind etwa 20 Grad, und die Mittsommersonne scheint herrlich warm auf ihren Rücken. Kaum ein Wölkchen ist am Himmel zu sehen.

»Du weißt hier nie, was passiert«, erklärt Paul. »Hast du gar nichts Wetterfestes zum Drüberziehen mit?«

Franziska wirft einen Blick durch die Rückscheibe des Wagens und sieht dort nur ihre zusammengeknüllte Strickjacke liegen. In der Reisetasche warten noch ein Pyjama, frische Unterwäsche, ein dünner Pullover und ein paar T-Shirts neben einer kleinen Badetasche und einem Buch für den Abend. Entschuldigend hebt sie die Schultern.

»Alles klar«, seufzt Paul. »Meine Schuld.« Er wirft ihr ein zerknirschtes Lächeln zu und schirmt dann mit der Hand das Gesicht gegen die Sonne ab, während er in die Berge hinaufsieht. »Dann zeig ich dir das ein andermal, und jetzt machen wir nur eine kleine Tour.« Er reicht ihr eine Wasserflasche und geht dann mit großen Schritten vom Parkplatz in Richtung Wildnis davon.

Wichtige Lektion über das Wetter in den Highlands

So schön sie auch sind: in Wahrheit sind die Highlands ein menschenfeindlicher Ort! Sie sind rau, sie sind karg und sie sind unberechenbar. Das Wetter kann **rasend schnell umschlagen** – in kürzester Zeit verlieren Sie jede Orientierung und finden sich mitten im Sommer in einem eisigen Sturm wieder. Das ist natürlich ein Extrem, und nicht jeder Sonnentag wird plötzlich zum Weltuntergang, aber Sie müssen wenigstens darauf **vorbereitet sein,** dass das passieren könnte, wenn Sie sich in die Wildnis begeben. Alles andere kann Ihnen nicht nur den Tag verderben, sondern auch wirklich böse enden.

Tun Sie also sich selbst und anderen, die Sie notfalls retten müssten, hier draußen einen Gefallen und bereiten Sie sich entsprechend vor. Lassen Sie sich von Sonnenschein und milden Temperaturen nicht täuschen. Nur weil es im Tal oder in Ihrem Ferienort warm war, heißt das noch nicht, dass es in den Bergen und auf den Gipfeln auch so bleiben wird. Nur weil Sie jetzt noch keine Wolken sehen können, heißt das nicht, dass es nicht später noch regnen oder sogar schneien wird. Nur weil Sie jetzt noch weit sehen können, heißt das nicht, dass es sich nicht innerhalb kürzester Zeit zuziehen kann, sodass der Nebel Ihnen jede Sicht raubt.

DIE RICHTIGE AUSRÜSTUNG FÜR EINEN TAG IN DEN HIGHLANDS

Planen Sie am besten mit einem **wetterfesten Lagenlook,** dem weder Regen noch Wind etwas anhaben können. Haben Sie immer einen **dicken Pullover** dabei, den Sie noch drunterziehen können, wenn es plötzlich kalt wird, tragen Sie aber am besten ein **T-Shirt** unter der Jacke, sodass Sie gegebenenfalls etwas ausziehen können, wenn es zu warm wird.

Tragen Sie **Funktionshosen,** die Wasser abweisen, damit Sie nicht vollkommen durchnässt werden, wenn es doch anfangen sollte zu regnen, und kombinieren Sie sie mit wasserfesten, mindestens knöchelhohen, stabilen **Wanderschuhen.** Kalte, nasse Füße oder einen verdrehten Knöchel können Sie hier draußen wirklich nicht gebrauchen.

Wenn Sie dann noch an **Sonnenschutz,** etwas **Proviant** und **ausreichend Wasser** denken, sollten Sie eigentlich für alle Eventualitäten gewappnet sein. Eine detaillierte **Wanderkarte,** ein **Kompass** und die Fähigkeit, mit beidem umzugehen, sichern Sie zusätzlich ab.

21 ICH WÜRDE GERNE BAR BEZAHLEN

DIE SCHOTTISCHE LIEBE ZUR KREDITKARTE

Den Abend verbringen Paul und Franziska im Wintergarten des edel-rustikalen The Torridon Inn. Über dem See ist die Sonne gerade spektakulär zwischen die bereits nachtschwarzen Berge getaucht, und die beiden konnten sich nur schwer von diesem Anblick lösen. Um ein Haar hätten sie darüber ihre Tischreservierung verpasst. Das Restaurant und auch das Hotel The Torridon selbst sind – trotz der hohen Preise – gut besucht. Kein Wunder: Mit Ausnahme weniger *B&Bs* und einer Jugendherberge ist das The Torridon in diesem entlegenen Winkel der Highlands die einzige Unterkunft im Umkreis von mehreren Meilen. Wer im abgelegenen Tal von Torridon bleiben will, hat kaum eine andere Übernachtungsmöglichkeit.

Im Restaurant des The Torridon Inn bestellt sich Franziska einen Cheddar Cheese Burger, der auf einem riesigen Teller mit einer großen Portion Pommes und frischem Salat serviert wird, Paul gönnt sich einen Wildburger. Alles ist frisch aus Produkten aus der Region zubereitet. Franziska ist vollends verzaubert von diesem Ort und ihrem ersten Eindruck von den wilden Highlands. Die raue, karge Landschaft, die Weite und die unbestimmte Melancholie, die in der Luft liegt, haben es ihr sofort angetan. Als auch das letzte Tageslicht verschwunden und vor den großen Fenstern die Nacht eingekehrt ist, ziehen sich die beiden aus dem Wintergarten an die urige Bar zurück und trinken noch ein Ale. Nach einem Blick auf die Getränkekarte beginnt Franziska unruhig in ihrem Portemonnaie zu wühlen. »Ich weiß nicht, ob ich genügend Bargeld dabeihabe«, gesteht sie schließlich. »Das Zimmer ist teurer, als ich dachte. Und dann das Essen ...« –sie lässt den Satz unvollendet und schaut bekümmert auf ihre Hände.

»Bezahl doch einfach mit Kreditkarte«, sagt Paul und zuckt die Achseln.

»Ich habe keine dabei«, antwortet sie verwundert. »Ich dachte, wir sind so weit weg von allem, dass Bargeld sicher schlauer wäre. Ich habe extra noch mal eine größere Summe abgehoben.«

Paul reißt überrascht die Augen auf: »Wirklich? Im Ernst jetzt?«

»Ja, wirklich.« Franziska öffnet ihr Portemonnaie und zieht die Pfundscheine heraus.

Paul lacht auf. »Ich weiß nicht, wann ich zuletzt so viel Bargeld auf einem Haufen gesehen habe, ohne dass Dagobert Duck darin herumgeschwommen wäre«, sagt er kopfschüttelnd und lässt den Kellner das Abendessen und die Drinks auf sein Zimmer anschreiben. »Ich zahle den Rest, und wir verrechnen das zu Hause«, sagt er, und Franziska hat das Gefühl, dass er seine Rolle als Gönner mal wieder ein kleines bisschen genießt. Nicht umsonst zwinkert er ihr am nächsten Morgen frech zu, als er beim Auschecken seine Kreditkarte über den Tresen schiebt. »Mit dir wird's echt nicht langweilig«, lacht er wenig später, als er den Gang einlegt und den Mercedes vom Parkplatz rollen lässt.

Immer und überall bargeldlos bezahlen

Kennen Sie diesen Blick, den man Ihnen zuwirft, wenn Sie irgendwo in der deutschen Pampa versuchen, mit Kreditkarte zu bezahlen? Den werden Sie in Schottland wiedererkennen, wenn Sie einen Batzen Bargeld auf den Tisch legen und ein Abendessen oder gar Übernachtungen bar bezahlen wollen. Natürlich gibt es Ausnahmen: Gerade abgelegene, kleine *B&Bs* haben manchmal weder die Internetverbindung für ein Kartenlesegerät noch den Bedarf an einem, doch darüber wird man bei der Buchung explizit informiert.

Überall sonst in Schottland erwartet man, dass Sie selbst **kleine Einkäufe** mit Kreditkarte bezahlen. **Drinks im Pub, Snacks im Supermarkt, Parkscheine und Tankfüllungen** – all das können Sie fast immer und überall mit Karte bezahlen, anstatt jemandem mit Ihrem Kleingeld Unannehmlichkeiten zu bereiten. Auf das Herumgeschiebe von Münzen hat hier nämlich schon lange niemand mehr Lust. Und weil es immer noch ein bisschen einfacher geht, verfügen die meisten Geräte inzwischen auch über eine **Tap-Funktion** für Kreditkarten, bei der Sie nur durch Auflegen der Karte auf das Lesegerät zahlen. Immer mehr Shops bieten darüber hinaus die Möglichkeit zum **kontaktlosen Zahlen per NFC** mit dem Handy an.

Für Sie ist das gleich dreifach gut: Sie brauchen weder im Vorfeld größere Summen in Pfund Sterling umzutauschen noch Unmengen Bargeld mit sich herumzutragen oder sich am Ende des Urlaubs verzweifelt Gedanken darüber zu machen, was Sie (mehr oder weniger) sinnvollerweise noch kaufen könnten, um Ihre letzte Fremdwährung loszuwerden. Ein paar **Münzen und Scheine für den Notfall** dabeizuhaben schadet natürlich nie, aber verlassen Sie sich darauf, dass Sie hier wirklich fast alles mit Kreditkarte bezahlen können. Was Sie am Schluss an Bargeld übrighaben, können Sie dann direkt für den nächsten Schottlandurlaub weglegen – denn der kommt ganz bestimmt!

DER UNTERSCHIED ZWISCHEN SCHOTTISCHEN UND ENGLISCHEN PFUND

Obwohl die schottischen Pfundnoten anders aussehen als die englischen, handelt es sich um die **gleiche Währung.** Den unterschiedlichen Look verdanken die schottischen Pfund der Tatsache, dass die **Bank of Scotland, die Clydesdale Bank und die Royal Bank of Scotland** ihre jeweils eigenen Noten drucken dürfen, sodass es sogar innerhalb Schottlands Unterschiede in den Motiven gibt.

Grundsätzlich sind schottische und englische Pfund Sterling aber gleichwertig, sodass es eigentlich problemlos möglich ist, in Schottland mit englischen Noten zu bezahlen und umgekehrt. Immer wieder gibt es aber vereinzelte Berichte, dass sich kleine Geschäfte im ländlichen England weigern, die Geldscheine aus dem Nachbarland anzunehmen. Das resultiert dann häufig daraus, dass die Ladenbetreiber mit den kunterbunten schottischen Noten nicht vertraut sind und keine Möglichkeit haben, zu überprüfen, ob es sich dabei vielleicht um Falschgeld handelt. Gesetzlich sind sie auch nicht dazu verpflichtet, die Scheine anzunehmen. Doch diese Fälle sind so selten, dass Sie sich darüber eigentlich keine Sorgen zu machen brauchen.

22 EIN *FULL SCOTTISH BREAKFAST*, BITTE!

WARUM BEIM FRÜHSTÜCK VORSICHT GEBOTEN IST

War Franziska schon am Vortag beeindruckt von der Wildnis und der spektakulären Landschaft von Wester Ross, wie diese Gegend der Highlands heißt, so legt Schottland heute noch mal einen drauf. Als ginge es den Bergen hier darum, mit ihren Vorgängern zu wetteifern, schrauben sie sich in die Höhe, stürzen in steilen Klippen hinab zum Meer und verwandeln sich in eine Leinwand, auf der Wolken und Sonne, Licht und Schatten spektakuläre Gemälde zeichnen dürfen. Jede Biegung offenbart neue Wunder, und bei jedem Stopp verliebt sich Franziska ein bisschen mehr in diese Welt, die ohne Weiteres auch auf einem fremden Planeten liegen könnte – so weit weg scheint alles andere für sie zu sein.

Der Eindruck verstärkt sich noch, als Paul den alten Mercedes an der Zufahrt zum Applecross-Pass zum Stehen bringt und Franziska erneut den Fahrersitz überlässt. »Deine Reifeprüfung, bitte sehr.«

Schon sein Gesichtsausdruck lässt Franziska nichts Gutes erahnen, aber als sie kurz darauf das Warnschild entdeckt, auf dem ausdrücklich steht, dass der Pass nicht für Fahranfänger (und für große Autos, Wohnmobile etc.) geeignet ist, kommen ihr endgültig Zweifel.

»Bist du sicher, dass ich das kann?«, fragt sie noch, während sie sich schon auf die erneut einspurige Straße einfädelt. Weit und breit ist kein anderes Auto zu sehen, und die Steigung erscheint ihr zunächst sehr erträglich. Doch hinter der ersten Haarnadelkurve ist klar: So wird es nicht bleiben! In engen Biegungen schraubt sich die Straße entlang halsbrecherisch steiler Hänge in die Höhe und verschwindet schließlich an der Spitze des schroffen Felsgrates.

»Och nee«, jammert Franziska fast tonlos und biegt gleich einmal in die nächste Haltebucht mit einem *passing-place*-Schild ein.

»Vertrau mir«, sagt Paul. »Das ist eine grandiose Erfahrung, die wirst du niemals vergessen.« Er klopft kräftig auf das Armaturenbrett des alten Mercedes, als wollte er einem schwächelnden Pferd Mut zusprechen. »Und du, halte gut durch, alter Junge.« Als hätte er damit gleichzeitig Franziska die Sporen gegeben, gibt sie sich einen Ruck und nimmt die Steigung in Angriff.

Oben auf dem Pass angekommen, kann sie kaum glauben, dass sie diese Herausforderung gemeistert hat: die engen Kurven, den Gegenverkehr, die Ausweichmanöver – und das alles bei unvergesslichen Ausblicken! Als die beiden den Pass schließlich wieder verlassen und in Applecross, einem winzigen, aber sehr idyllischen Küstenort mit Blick auf die vorgelagerten Inneren Hebriden, einrollen, ist Franziska zu Tode erschöpft. Paul navigiert sie zu dem kleinen *B&B*, in dem er ein Zweibettzimmer gebucht hat, und trägt ihre Tasche ins Zimmer. Franziska lässt sich auf ihr Bett fallen und bemerkt zu spät den Block und den Stift unter sich. Stöhnend angelt sie danach und liest vor: »*Please order your breakfast until 5 p.m.*« Darunter eine schier endlose Liste von Zutaten, die sie ankreuzen kann. Kurz entschlossen greift sie nach dem Stift und kreuzt das erste Kästchen an: *full Scottish breakfast.* »*Yes!*« Zufrieden mit sich selbst wirft sie den Block mit den Bestellzetteln auf das Nachtschränkchen zwischen den beiden Betten. Paul schielt kurz darauf, und ein Grinsen wandert über sein Gesicht, er sagt aber nichts.

Am nächsten Morgen weiß Franziska auch, warum: Dieses Frühstück entpuppt sich als der kulinarische Endgegner! Berge von Essen türmen sich auf ihrem Teller und auf zwei weiteren, die nachgereicht werden. Die vielen Schüsseln und Krüge mit Cerealien, die auf einem separaten Schränkchen im Frühstücksraum aufgereiht sind, rührt sie erst gar nicht an, das Gestell mit dem Toastbrot und die diversen Marmeladengläser lässt sie ebenfalls links liegen. Stattdessen kämpft sie sich tapfer durch Rührei, gebackene Bohnen, Minibratwürste, geschmorte Tomaten, gebratene Champignons und verschiedene Fleisch-Pattys, die sich als *black pudding* und *haggis* entpuppen. Schwer atmend und zu Tode erschöpft sinkt sie schließlich, vor den schieren Essensmengen kapitulierend, in ihrem Stuhl zurück. Dabei fällt ihr Blick auf Paul, der mit einem süffisanten Grinsen seine Schüssel mit Cornflakes und frischem Obst zur Seite stellt und dann seinen übersichtlichen Teller mit Toast, Butter, gebackenen Bohnen und pochiertem Ei zu sich heranzieht.

Schottisches Frühstück bestellen ohne Reue

In schottischen *B&Bs* erwartet Sie üblicherweise eines von zwei möglichen Szenarien: Entweder Sie finden bei Ihrer Ankunft einen **Bestellzettel** für das Frühstück auf Ihrem Zimmer vor, oder Sie bestellen direkt morgens am Frühstückstisch, wonach Ihnen gerade der Sinn steht. Beide Varianten können für Sie im Prinzip nicht gut ausgehen! Entweder Sie kommen abends ausgehungert von einem langen Tag an der frischen Luft in Ihre Unterkunft und füllen den Bestellzettel aus, während Sie es kaum erwarten können, zum Abendessen aufzubrechen, oder Sie sitzen morgens mit knurrendem Magen erwartungsvoll am Tisch, während Ihnen der Duft von gebratenem Speck, frischem Toast und gebackenen Bohnen um die Nase weht. In beiden Fällen werden Sie garantiert zu viel bestellen, wenn Sie sich nicht rechtzeitig vorher zur Ordnung rufen.

Und eines ist sicher: Ein *full Scottish breakfast* ist immer zu viel! Es mag verlockend sein, sich durch *black pudding, haggis,* Würstchen, Eier, Champignons, *baked beans,* gebratenen Speck, geröstete Kartoffeln *und* gebackene Tomaten hindurchzuessen, hier und da zu naschen und sich einen umfassenden Eindruck von den vielen Frühstückskostlichkeiten zu machen, aber letztendlich ist das schottische Frühstück nicht dafür gemacht, von einem Normalsterblichen mit durchschnittlichem Appetit aufgegessen zu werden. Das Ende vom Lied: **Viel zu viele Lebensmittel landen im Müll!** Das ist nicht nur für die Betreiber der Pensionen ärgerlich – schließlich müssen einige von ihnen wenigstens einmal in der Woche große Strecken zurücklegen, um von ihren abgelegenen *B&Bs* zum Einkauf in eine größere Stadt zu fahren –, sondern generell etwas, das wir vermeiden sollten. Probieren Sie sich doch einfach jeden Morgen durch eine neue Auswahl aller angebotenen Bestandteile des Frühstücks, anstatt immer wieder ein komplettes *full Scottish breakfast* zu bestellen. Das sorgt auch für Abwechslung auf dem Frühstücksteller und macht gute Laune.

Wenn Sie sich trotz allem nicht beherrschen können und ein *full Scottish breakfast* ordern wollen, verzichten Sie vorher wenigstens auf die **Frühstückscerealien,** die fast immer in einer großen Auswahl angeboten werden, und auf **Toast mit Marmelade.** Sie werden sonst garantiert etwas von Ihrem großen Frühstück übriglassen müssen.

FOODGUIDE: BESTANDTEILE DES SCHOTTISCHEN FRÜHSTÜCKS

Toast – Toastscheiben, meist in Dreiecksform geschnitten, ideal zum Dippen in *poached eggs* und *baked beans*

Ham/bacon – gebratener Schinken oder Speck, meist recht salzig und fettig

Eggs – Eier werden in drei unterschiedlichen Varianten angeboten: als *scrambled eggs* (Rührei), *poached eggs* (pochierte Eier) oder *fried eggs* (Spiegeleier). Gekochte Frühstückseier, wie wir sie kennen, sind unüblich.

Roasted tomatoes – gewürzte und kurz im Ofen gegrillte Tomaten

Baked beans – britische Spezialität: weiße Bohnen in Tomatensoße, im Ofen gebacken

Grilled mushrooms – im Ofen gegrillte Champignonköpfe

Sausages (»bangers«) – kleine Würstchen, allerdings nicht mit unseren Nürnbergern zu vergleichen. Sie sind in ihrer Konsistenz etwas weicher und werden in der Regel aus Schweinefleisch hergestellt.

Lorne sausages – schottische Spezialität: quadratische Würstchen, die aus Hackfleisch, Zwieback und Gewürzen hergestellt werden

Potato scones / tattie scones – aus Kartoffeln hergestellte Scones, die, unseren Pfannkuchen ähnlich, in der Pfanne gebacken werden

Black pudding – alles andere als eine süße Nachspeise: britische Blutwurst, die in dicke Scheiben geschnitten und dann gebraten wird

Haggis – Das schottische Nationalgericht wird zum Frühstück in dicke Scheiben geschnitten und, ähnlich wie der *black pudding,* knusprig gebraten

Oatcakes – knusprige Haferflockencracker, die jedoch geschmacksneutral sind und mit süßem oder deftigem Belag genossen werden können

Cereals – In fast jeder Unterkunft steht eine Auswahl an Müslis und Cornflakes bereit.

Jam – Marmelade oder Konfitüre

Porridge – Haferbrei, der sehr lange sättigt und vorhält, wird üblicherweise mit Honig gegessen. Dann kann man sich alles andere zum Frühstück sparen!

Dazu gibt es Tee und oft auch Säfte. Kaffee können Sie natürlich ebenfalls bestellen.

23 MIT COLA UND EIS KRIEGT MAN WHISKY GERADE SO RUNTER!

WIE SIE EIN *WHISKY TASTING* ÜBERSTEHEN

Später am Tag, als Franziska wieder einigermaßen in der Lage ist, sich zu bewegen, wird Paul das Vergnügen zuteil, den Applecross-Pass in umgekehrter Richtung zu überqueren. Für Franziska heißt das: Sie kann den Ausblick in vollen Zügen genießen. Das hindert sie natürlich nicht daran, sich immer wieder in Todesangst am Türgriff festzukrallen und ängstlich zu quieken, wann immer sich Gegenverkehr zeigt. Doch die Aussicht ist atemberaubend. Deutlich mehr Wolken türmen sich heute am Himmel, und das Licht-Schatten-Spiel von Wolken und Sonne lässt die Landschaft alle paar Minuten wie verwandelt erscheinen. Als sie schließlich wieder Meeresniveau erreicht haben, fühlt sich Franziska, als sei sie soeben aus einem Traum erwacht. Der Zustand hält noch an, als sie das legendäre Eilean Donan Castle erreichen, das wohl berühmteste Fotomotiv Schottlands. Dahinter türmen sich bereits die Berge der Isle of Skye jenseits der Meerenge Kyle of Lochalsh auf.

Nach einem Rundgang durch die berühmte Burg überqueren die beiden schließlich in einer endlos scheinenden Autokolonne die eindrucksvolle Brücke auf die Insel und erreichen am frühen Nachmittag die Inneren Hebriden. In Carbost, an der Westküste der Insel, wollen sie Pauls Freundin Judy treffen. Ihr Cousin arbeitet in der berühmten Talisker Whisky Distillery und will ihnen eine Führung geben. Die Fahrt über die bergige Insel genießt Franziska trotz des dichten Verkehrs und der zahllosen parkenden Autos am Straßenrand ausgiebig, auf den Whisky hingegen hat sie weniger Lust. Sie bietet Paul an, ihn und Judy anschließend nach Portree zu fahren, wo sie ein Bed and Breakfast reserviert haben. Doch Paul schüttelt den Kopf. »Judys Cousin wird uns fahren. Ich möchte, dass du den Whisky probierst – und zwar dort, wo er hergestellt wird und wo er seinen Charakter bekommt.« Franziska zieht, angesichts dieser beinah lyrischen Formulierung, spöttisch eine Augenbraue hoch, doch sie schreibt die Phrase Pauls schwärmerischem schottischem Temperament zu, das hin und wieder mit ihm durchgeht.

Judy begrüßt die beiden freudestrahlend an der Einfahrt zur Brennerei. Der ausgewiesene Besucherparkplatz davor ist noch recht voll, doch Judy bedeutet ihnen, um das Haus herum auf den Privatparkplatz zu fahren. Durch die Hintertür betreten sie dann auch die Brennerei. »Vorne ist noch die Hölle los«, erklärt Judy und gibt Paul einen liebevollen Kuss auf die Wange. »Schön, euch zu sehen«, sagt sie dann, und aus ihrem unbeschwerten Tonfall hört Franziska erleichtert heraus, dass Judy wirklich keinerlei Bedenken hatte, Paul und sie könnten mehr sein als platonische Freunde, die zusammen einen Ausflug machen. Respekt für dieses tolle Mädchen, denkt sie noch, während Judy ihnen bereits ihren Cousin Angus vorstellt. Angus arbeitet schon seit seinem 16. Lebensjahr für die Talisker Distillery und kennt sich mit seinen 35 Jahren entsprechend gut aus. Er kündigt ihnen eine private Führung an – natürlich gefolgt von einer exklusiven Verkostung, die nicht nur die üblichen Whiskys enthält, die es hier sonst zum Probieren gibt. Er hat noch ein paar andere feine Tropfen bereitgestellt, verspricht er mit einem Augenzwinkern.

Von dem, was Angus bei seiner Führung mit leuchtenden Augen erzählt, versteht Franziska wenig. Das liegt zum einen an seinem harten Akzent, der seltsam exotisch klingt, und zum anderen an den vielen Fachbegriffen, die er in seiner Begeisterung leichtfertig verwendet. Judy und Paul aber hängen an seinen Lippen und können es offensichtlich kaum erwarten, endlich einen Schluck zu probieren. Als es so weit ist und die Gläser endlich vor ihnen stehen, sieht sich Franziska hilfesuchend nach etwas zum Mischen um, womit sie den Geschmack abmildern könnte.

»Hast du noch nie Whisky getrunken?«, fragt Angus provozierend.

»Doch, schon.«

»Und?«

»Mit Cola und Eis war es ganz okay«, gibt Franziska zögernd zu.

Judy und Paul lachen auf, Angus verzieht schmerzerfüllt das Gesicht und greift sich theatralisch an die Brust, als hätte Franziska ihm eben ein Messer in dieselbe gerammt. »Mit Cola und Eis ...!«, heult er und tut, als wolle er vor Kummer gleich die ganze Flasche austrinken. Doch dann gießt er ihr stattdessen mit einem resignierten Gesichtsausdruck ein kleines Gläschen aus einer anderen Flasche ein und sagt: »Versuch den mal, der wird dir gefallen. Auch ohne Cola und Eis!«

Von der Kunst, einen Whisky zu verkosten

Zugegeben: Whisky ist ganz sicher nicht jedermanns Sache, und hier soll natürlich niemand zum Alkoholkonsum verleitet werden. Aber wenn man in Schottland Whisky probiert, dann bitte richtig! Das »Wasser des Lebens«, wie sich das gälische Wort *uisge beatha* übersetzen lässt, ist der ganze Stolz der Schotten und das Ergebnis von Destilleriekunst und jahrhundertelanger Erfahrung. Ihn einfach mit Eis oder gar mit Cola hinunterzukippen dürfte für manche Schotten einem Affront gleichkommen.

Ein guter schottischer Whisky profitiert von der **perfekten Balance verschiedener Aromen,** die zum Beispiel durch die Verwendung bestimmter **Fässer,** etwa alter Sherry- oder Portweinfässer, durch den **Torfgehalt** des verwendeten Wassers oder durch bestimmte **Verfahren beim Mälzen der Gerste** erzeugt werden. So gesehen ist ein Whisky immer auch ein Kunstwerk. Das gilt sowohl für edle ***single***

malt whiskys – die aus einer einzigen Brennerei stammen – als auch für viele ***whisky blends.*** Letztere werden hergestellt, indem unterschiedliche Whiskys aus bis zu 40 verschiedenen Brennereien miteinander verschnitten, also vermischt, werden. Auch hierbei bedarf es handwerklichen Könnens und Geschicks, denn nur so entsteht unter den kundigen Händen des *master blender* ein runder Geschmack.

Wenn Sie sich dafür entscheiden, an einer Whiskyverkostung teilzunehmen, eine Destillerie zu besuchen oder in einem Pub verschiedene Whiskys zu probieren, sollten Sie deshalb mit Offenheit und Neugier an die Sache herangehen. Voreingenommenheit würde Ihnen das schöne Erlebnis trüben. Vergessen Sie Cola und Eiswürfel und trinken Sie den Whisky am besten aus einem kaminförmigen **Nosing-Glas.** Es konzentriert die aufsteigenden Aromen direkt vor Ihrer Nase und verschafft Ihnen das beste Geruchs- und Geschmackserlebnis.

Was übrigens legitim ist: Sie können mit einer **Pipette** oder einem kleinen **Kännchen** einen Tropfen Wasser in Ihr Whiskyglas geben. Beides bekommen Sie (spätestens auf Nachfrage) im Pub zu Ihrem Whisky dazu. Ein winziger Tropfen schon kann eine regelrechte Geschmacksexplosion freisetzen und Ihnen dabei helfen, die Tiefen des jeweiligen Whiskys noch einmal neu zu ergründen. Warum das so ist? Das Wasser reduziert den Alkoholgehalt des Whiskys und damit auch das Brennen, das für hochprozentige Whiskys typisch ist. Durch das „Verwässern" können wir also auch die Aromen wahrnehmen, die sonst darunter verborgen liegen. Anders verhält es sich übrigens mit Eis: Es kühlt den Whisky so stark herunter, dass sich die Aromen nicht mehr entfalten können. Er schmeckt dann flach und unspektakulär. Am besten trinkt man Whisky deshalb, wenn er Zimmertemperatur (ca. 20 ° C) hat.

KLEINER WHISKY-GUIDE FÜR NEUEINSTEIGER

Die Auswahl an schottischen Whiskys ist riesig und für Neulinge einfach nicht zu überschauen. Zu den vielen bekannten Marken gesellen sich nämlich inzwischen auch immer mehr kleine, unabhängige Destillerien mit dem besonderen *hand-crafted*-Charme. Doch wo soll man anfangen?

Mit einem der bekannten ***scotch blend whiskys*** können Einsteiger erst einmal nicht viel falsch machen. Hierfür werden sowohl *malt* als auch *grain whiskys,* also Destillate verschiedener Getreidesorten, verwendet. Zum Teil kennen Sie diese Whiskys vielleicht auch schon aus Longdrinks. Dazu zählen zum Beispiel: **Johnnie Walker, Ballantines, Bell's, Famous Grouse, Chivas Regal, Dewar's** und **Teachers**. Etwa 90 bis 92 Prozent aller schottischen Whiskys sind *blended whiskys*. Die Auswahl ist also groß, und für jeden ist etwas dabei.

Single malt whiskys sind dann die Königsklasse der schottischen Whiskys. Sie haben oft einen ausgeprägteren Charakter, gerne auch mal mit Ecken und Kanten, und werden von Whiskykennern ganz besonders geschätzt. Doch nicht jeder *single malt* muss scharf sein oder herausfordernd in der Kehle brennen. Während man die ungestümen, wilden *single malt whiskys*, die viele Kenner lieben, in der Regel an der **Westküste** und auf den **Inseln** findet, sind Whiskys aus der **Speyside** tendenziell eher süß, fruchtig und gefällig. Hier finden Sie Aromen von frischen Früchten, aber auch von Vanille, Honig und Nüssen wieder. Einsteiger können Ihre Erkundungstour durch die Welt der *single malt whiskys* dann zum Beispiel mit einem **The Balvenie,** einem **Aberlour** oder einem **Glenlivet** starten. Auch mit dem klassischen **Glenfiddich** oder einem **Glenmorangie** macht man nichts falsch.

Ebenfalls ein guter Einsteiger-Whisky, allerdings von der Westküste, ist der 14 Jahre alte **Oban 14.** Sein runder Geschmack macht ihn sehr gefällig, gleichzeitig ist er eine Spur rauchiger und würziger als die meisten seiner Cousins aus der Speyside. Dieser *classic malt* kann der Einstieg in die Welt der rauchigeren, torfigeren Whiskys sein, für die die Westküste bekannt ist. Am äußeren Ende dieses Spektrums warten dann so charakterstarke Whiskys wie der **Talisker,** der **Lagavulin** und der **Laphroaig** auf experimentierfreudige Schottlandbesucher. Sie sind für Einsteiger eher nicht geeignet und sollten erst an dritter oder vierter Stelle verkostet werden, sonst könnte ihr besonderes Temperament Ihnen gleich die Freude am Whisky verderben. Gehen Sie es lieber langsam an und arbeiten Sie sich mit viel Genuss Stück für Stück durch die Aromawelten des schottischen Whiskys vor.

24 WAS IST DAS DENN FÜR EIN KAUDERWELSCH?

DER KLANG DES SCHOTTISCHEN HOCHLANDS

Als Judy, Paul und Franziska die Destillerie schließlich verlassen, ist es fast dunkel. Die Stimmung ist gelöst, und Franziska stellt amüsiert fest, dass Pauls schottischer Akzent mit jeder kleinen Kostprobe etwas ausgeprägter geworden ist. Der Parkplatz hat sich inzwischen bis auf wenige Autos geleert, und weil es beinahe windstill ist, hören sie die Wellen des Meeres unten in der Bucht murmeln. Ein paar Möwen rufen, doch sonst liegt eine herrliche Ruhe über diesem Ort. Als Franziska auf ihr Auto zugeht, hält Paul sie zurück. »Angus' Familie hat uns zum Abendessen eingeladen und uns angeboten, auch bei ihnen zu übernachten«, sagt er. »Es wäre unfreundlich, nicht wenigstens zum Essen vorbeizukommen. Gastfreundschaft ist hier heilig. Und es ist wahrscheinlich besser, wenn keiner von uns mehr Auto fährt", fügt er mit einem schelmischen Grinsen hinzu.

Die Aussicht auf ein heimeliges Zuhause und einen schönen Abend mit netten Menschen ist ohnehin viel zu verlockend, als dass Franziska hätte widerstehen können. Und tatsächlich fühlt sie sich, als käme sie nach einer langen Reise zu ihrer Familie heim, als nach zehn Minuten Fußweg das Haus der McKinnons erreicht ist. So herzlich ist die Begrüßung, dass Franziska fast vergisst, dass sie diese Menschen noch nie gesehen hat. Mit überschwänglichen Gesten und vielen freundlichen Worten werden Paul, Judy und sie ins Haus und an einen großen Tisch im Esszimmer dirigiert, dessen abgenutzte Oberfläche vor lauter Schüsseln, Töpfen und Saucieren mit dampfendem Inhalt kaum noch zu erkennen ist.

Fröhlich plappernd marschiert Angus' Mutter in die Küche und winkt Judy hinter sich her. Franziska bleibt im Esszimmer zurück und schaut sich um. Das alte Haus hat einen gemütlichen Geruch an sich, erdig, fast mit dem Boden verwachsen. Die Möbel passen nicht zusammen, strahlen aber viel Behaglichkeit aus. An allen Wänden und auf jeder freien Fläche hängen und stehen Familienfotos von Männern in Kilt und mit stolzgeschwellter Brust neben Frauen, die Plaids mit dem gleichen grün-gelben Muster tragen. Dazwischen entdeckt Franziska auch einige Schwarz-Weiß-Fotos: steife Aufnahmen von ernst dreinblickenden Menschen mit wettergegerbten Gesichtern, die wie angewurzelt neben der Tür des Hauses stehen, in dem sie sich nun befindet.

Langsam läuft Franziska von Bild zu Bild und schmunzelt über die Fotos von Angus' kleinen Töchtern, die in ihrer modernen Optik und gestochenen Schärfe einen harten Kontrast zu den krisseligen alten Aufnahmen darstellen. Aus der Küche klingt fröhliches Gemurmel herüber, und erst als sie sich der Küchentür nähert, stellt Franziska fest, dass sie überhaupt nicht versteht, was da gesprochen wird. Angus' Mutter redet in einem melodiösen Singsang auf Judy ein, und Angus unterbricht sie lachend mit so vielen rollenden Rs, dass Franziska unwillkürlich an einen Beutel voller Murmeln denken muss, der auf einem Holzboden ausgeleert wird. Auch das zufriedene Brummen von Angus' Vater, der mit einer Zeitung auf den Knien auf einem Küchenstuhl sitzt, klingt auf wundersame Weise melodiös. Obwohl sie keine Ahnung hat, worüber gesprochen wird, ist Franziska geradezu verzaubert von der fremden Sprache mit ihrem hypnotisierenden Auf und Ab.

Paul taucht neben ihr auf, und sie fragt flüsternd: »Was ist das für ein ... Kauderwelsch?«

Er lacht auf, zieht sie mit sich in die Küche und antwortet unnötig laut: »Dieses *Kauderwelsch* ist Gälisch, eine alte keltische Sprache. Du hast es schon bei Fiona gehört.«

Alle Augen richten sich auf Franziska, und ihre Gastgeberin kommt mit ausgebreiteten Armen auf sie zu. »Entschuldige, *darling,* wir reißen uns jetzt zusammen und sprechen wieder anständig.« Mit einer resoluten Geste scheucht sie ihre Gäste aus der Küche ins Esszimmer hinüber.

Die gälische Sprache gestern und heute

Nein, keine Sorge: Es ist nicht notwendig, dass Sie vor Ihrem Schottlandurlaub einen Gälischkurs besuchen und Wörterbücher wälzen. Das wäre reine Zeitverschwendung – schließlich sprechen nur wenige Menschen in Schottland noch Gälisch. Nach offiziellen Angaben leben zwischen Glasgow und den Hebriden gerade mal **60.000 Menschen,** die die alte keltische Sprache noch fließend beherrschen, die meisten von ihnen auf den **Äußeren Hebriden** und auf der **Isle of Skye.** Aber auch in den Großstädten im Süden, Glasgow und Edinburgh, sprechen oder verstehen einige Menschen Gälisch. Insgesamt kommt man so, laut Volkszählung von 2011, auf einen Anteil von 1,1 Prozent der Bevölkerung. Einen Schotten, der ausschließlich Gälisch spricht, werden Sie aber wohl selbst auf den entlegensten Inseln nicht finden.

Seien Sie sich dennoch bewusst, dass es diese zweite Sprache und die mit ihr verbundene traditionelle schottische Kultur gibt – und begegnen Sie ihr mit Respekt. Sie ist ein wichtiger Teil der schottischen Identität! Bis in das 18. Jahrhundert hinein war Gälisch nämlich noch die **Hauptsprache** im Hochland. Erst nach den **Jakobitenaufständen,** als alles Schottische verbannt und gewaltsam unterdrückt wurde, übernahm auch die englische Sprache die Vorherrschaft im Norden der Insel. Wer seither Gälisch spricht, lässt also nicht nur eine alte Mundart wiederaufleben, sondern hält auch die Erinnerung an eine andere Zeit und eine andere Welt wach, die in gälischen Geschichten, Liedern und Gedichten weiterlebt. Das macht die Sprache zu einer Art Schatzkiste, in der all das aufbewahrt wird, was es bedeutet, schottisch zu sein.

Kein Wunder also, dass sich heute immer mehr Menschen darum bemühen, die Sprache vor dem Aussterben zu bewahren und aktiv in den Alltag der Schotten zurückzuholen. Die BBC hat mit **BBC Alba** beispielsweise einen eigenen Sender in gälischer Sprache eingerichtet und hilft ihren Nutzern mit ihrem **Onlineprogramm** *Beag air Bheag* (»Schritt für Schritt«) dabei, die Grundlagen der gälischen Sprache zu erlernen. Auch an **Grundschulen** soll zukünftig landesweit Gälisch unterrichtet werden. Das Ziel hinter dem National Gaelic Language Plan, den die schottische Regierung 2011 verabschiedet hat: eine **»gesunde, lebendige Sprache«** zu etablieren, »die in einem modernen, multikulturellen und vielsprachigen Schottland vermehrt genutzt, geschätzt und respektiert wird«. Auch Filme wie *Seachd: The Inaccessible Pinnacle* (2007), der mit Muttersprachlern von der Isle of Skye überwiegend in gälischer Sprache gedreht wurde, tragen dazu bei, die Sprache am Leben zu erhalten und sie einer breiteren Bevölkerung wieder zugänglich zu machen. Der Film ist übrigens eine schöne Möglichkeit, ganz entspannt dem Klang des Gälischen zu lauschen, während man der Handlung über die Untertitel gut folgen kann.

Sie persönlich werden, wenn überhaupt, mit der gälischen Sprache nur auf Straßenschildern und bei kulturellen Veranstaltungen in Kontakt kommen. Das gilt sowohl für **Theateraufführungen** oder **Konzerte** in Glasgow und Edinburgh als auch für ***ceilidhs*** auf den Hebriden. Doch keine Sorge: Es spielt keine Rolle, ob Sie die Bedeutung der Wörter verstehen; genießen Sie einfach den herrlichen rollenden Klang und zollen Sie der darin verborgenen Kultur Respekt.

NÜTZLICHE GÄLISCHE VOKABELN UND SÄTZE

- ***Halò!*** [»ha-low«] – Hallo!
- ***(Ceud mìle) fàilte!*** [»kayud meeluh falchuh«] – (Hunderttausendmal) willkommen!
- ***Slàinte (mhath)!*** [»slantje (vah)«] – Prost! (wörtlich: [Gute] Gesundheit!)
- ***'S e ... an t-ainm a th'orm*** [»shay ... un tinim uh horum«] – Mein Name ist ...
- ***Tapadh leat!/Tapadh leibh!*** [»tapah let/leyv«] – Danke! (informell/förmlich bzw. Plural)
- ***Madainn mhath!*** [»mahteen vah«] – Guten Morgen!
- ***Oidhche mhath!*** [»oykah vah«] – Gute Nacht!
- ***Gabh/gabhaibh mo leisgeul!*** [»gav/gav-iv mo lesh-kul«] – Entschuldigung!
- ***Tha mi duilich*** [»ta mi tuich«] – Es tut mir leid
- ***Mar sin leat/leibh!*** [»mar schin let/leyv«] – Auf Wiedersehen! (informell/förmlich bzw. Plural)

25 DAS IST DOCH NUR LANDSCHAFT!

DEN BLICK FÜR SCHOTTLAND SCHÄRFEN

Die Nacht verbringen Judy, Paul und Franziska in zwei herrlich kitschig eingerichteten Gästezimmern unter dem Dach der Familie McKinnon. Gegen Annies überwältigende Gastfreundschaft hatten sie von Anfang an keine Chance. Doch Franziska macht das gar nichts aus. Die anheimelnde Atmosphäre im Haus von Angus' Eltern wirkt so tröstlich, dass sie am liebsten länger bleiben und jede Nacht in dem traumhaft weichen Bett mit dem kitschigen Blümchenüberwurf schlafen würde. Nur widerstrebend steht sie am nächsten Morgen auf und folgt dem Duft nach gebratenen Eiern und Speck in die Küche, wo schon alle um den Tisch herumsitzen. Der ist zwar deutlich kleiner als der Tisch im

Esszimmer, doch alle rücken zusammen, und es findet sich ein gemütliches Plätzchen für Franziska.

Eine heiße Tasse Tee und eine große Portion Rührei auf Toast später sind auch ihre Lebensgeister und ihre Unternehmungslust zurückgekehrt, und Paul erklärt ihr, dass Angus und sein Vater Iain sich bereit erklärt haben, mit ihnen zu den Fairy Pools und in die Black Cullins zu fahren.

»Sie kennen eine Route, die noch nicht so von Touristen überfüllt ist, und wollen uns ein paar schöne Spots zeigen«, erklärt Paul mit leuchtenden Augen, und Judy, die neben ihm sitzt, nickt so eifrig, dass Franziska lachen muss.

»Cool«, stimmt sie fröhlich zu.

»Keine Sorge wegen deiner Kleidung«, wirft Annie ein. »Angus' Frau leiht dir eine wasserfeste Jacke, ihre Wanderhosen und -schuhe. Dann bist du auf alles vorbereitet.«

Eine Stunde später biegen zwei Autos in einen versteckt liegenden Forstweg ein. Die kleine Gruppe hat die überfüllten Parkplätze der Fairy Pools und die Autokolonnen, die ringsherum kilometerweit am Straßenrand parken, hinter sich gelassen und ist hier nun ganz allein. »Meinem Schwager gehört ein Teil des Waldes hier«, erklärt Iain, als sie die Autos verlassen. Franziska, die unsicher ist, ob die Schuhe von Angus' Frau nicht doch ein wenig scheuern, bindet die Schleifen noch ein bisschen fester. Mit der Fleece-Wetterjacke, den wasserdichten Hosen und den robusten Schuhen fühlt sie sich gewappnet, allerdings befürchtet sie, von der Kondition her nicht mit ihren Begleitern mithalten zu können, die es anscheinend kaum erwarten können, aufzubrechen. Tatsächlich gibt Iain ein sehr strammes Tempo vor, als er einem kleinen Trampelpfad durch das Wäldchen folgt, der schon sehr bald steil die Hügel hinaufführt.

Kurz darauf sind die Straße und der Parkplatz außer Sichtweite, und die rauen, kargen Berge haben die Wanderer vollends eingeschlossen. Die braune Erde wird nur hier und da von lilafarbenem Heidekraut und gelbem Ginster durchbrochen. Ansonsten sieht Franziska nichts als Felsen und wenige Sträucher, die sich an die Hänge ducken, wie um dem Wind auszuweichen. Hinter jeder Hügelkuppe, die sie überqueren, erheben sich weitere Hügel, die schließlich zu schroff aufragenden Berghängen werden. Ein unangenehm kalter Wind pfeift über sie hinweg. Nach etwa einer Stunde bleibt Franziska erschöpft stehen und lässt sich auf einen Felsen sinken. Judy tritt neben sie und nimmt einen großen Schluck Wasser aus ihrer Trinkflasche. Sie seufzt und strahlt: »Ist das nicht wunderschön?« Ihr Gesicht ist leicht gerötet vom Marsch, aber im Gegensatz zu Franziska ist sie nicht außer Atem.

»Joa«, gibt Franziska schwach zurück. »Es ist wirklich nett«, fügt sie nickend hinzu, als sie Judys prüfenden Blick bemerkt.

»Nett?!« Judy lacht und ruft: »Angus, sie sagt, es ist nett!« Fassungslos breitet der die Arme aus, wie um ihr noch einmal die ganze Bergwelt zu vergegenwärtigen.

»Na ja«, sagt sie entschuldigend und merkt, wie sie rot wird. »Es ist eben Landschaft! Und zwar ganz schön viel davon.«

Angus macht eine wegwerfende Geste und dreht sich um, als sei bei ihr Hopfen und Malz verloren. Doch sie kann ihn lachen hören – leise und ein wenig ungläubig.

Die Schönheit der Highlands erkennen

Nur Landschaft? So etwas gibt es in Schottland nicht! Natürlich erwartet niemand von Ihnen, dass Sie beim Anblick jedes einzelnen Berges in Begeisterungsstürme ausbrechen – und zugegeben, nach ein paar Tagen ähneln die Gipfel, die Hügel und die Seen einander schon ein wenig. Aber diese Kulisse verdient einfach den Respekt ihrer Besucher – und sie ist es gewohnt, ihn zu bekommen. Manche Menschen müssen sich aber an diese **besondere Form der Schönheit** erst gewöhnen, und das sei ihnen natürlich gestattet.

Wer seine Ferien bisher vor allem am Mittelmeer verbracht hat und türkisblaues Meer, weiße Häuschen mit blauen Fensterläden, sanfte Hügellandschaften, zypressengesäumte Alleen und Olivenhaine liebt, muss für die **karge, schroffe Magie** der schottischen Highlands sicher erst einmal einen Blick entwickeln. Die Landschaft im Norden hat nur wenig Kultiviertes an sich, sie ist nicht gezähmt, nicht zurechtgestutzt, nicht »hübsch gemacht«. Sie ist, wie sie ist: unbehauen, ungeschliffen, rau, bisweilen düster, **geformt und geprägt von Wind und Regen.** Diese Bergwelt lieblich zu nennen würde wohl niemandem einfallen, aber so will sie auch gar nicht genannt werden. Sie weiß, dass sie auch ohne Lieblichkeit die meisten ihrer Besucher begeistern kann.

Der Süden des Landes ist im Gegensatz dazu etwas sanfter, beschaulicher: Er schmeichelt den Augen mit schwungvollen Hügelketten, malerischen Dörfern und fotogenen Ruinen. Es bietet sich für Einsteiger also an, von Süden gen Norden zu fahren und wahrzunehmen, wie die Landschaft karger wird, wie sich die Zivilisation zurückzieht und wie sich **Fels, Moos und Heidekraut** ihr Revier erkämpfen. Und dazwischen: überall Schafe! Ihnen ist es übrigens zu verdanken, dass Schottland heute so aussieht, wie es aussieht: Noch vor einigen Jahrhunderten war das Land mit scheinbar endlosen Wäldern überzogen. Doch die mussten – ebenso wie die Menschen – während der *Highland Clearances* der **Schafzucht** weichen, die für die Engländer und die schottischen Großgrundbesitzer besonders lukrativ war. Die Tiere haben der wilden, ursprünglichen Landschaft seitdem ihren Stempel aufgedrückt und sorgen durch ihr unermüdliches Grasen dafür, dass kleine Bäume und Sträucher keine Chance haben, höher zu wachsen als bis zu Ihren Knien.

Dennoch erobert sich die Natur ihr Territorium mit Macht zurück. Diesen Eindruck hat man gerade in den Highlands überall: Man fühlt sich kleiner angesichts der majestätischen **Erhabenheit** dieser Berge und empfindet **Ehrfurcht** gegenüber der Wildnis, die die meisten von uns sicher in die Knie zwingen würde, wenn wir auf uns selbst gestellt wären. Die stille Tiefe der dunklen Seen berührt einen ganz unerwartet, und der Duft von Heidekraut, Torf und regennasser Erde löst eine ungekannte Sehnsucht in uns aus. Wolken, die vom Wind gepeitscht über den Himmel rasen, zeichnen ständig neue Muster auf die sonnenbeschienene Landschaft und verändern ihr Gesicht von einer Sekunde zur nächsten. Orte, die uns eben noch vertraut schienen, werden durch dichten Nebel plötzlich in ein geheimnisvolles Licht getaucht. Hier beginnt Schottlands Zauber zu wirken.

Und plötzlich würde es wirklich niemanden mehr wundern, wenn in den Tiefen der Seen tatsächlich uralte Ungeheuer leben oder ein paar Elfen vor einem die Straße überqueren würden. Also von wegen *nur* Landschaft! Diese Welt ist magisch – lassen Sie sich darauf ein.

LANDSCHAFTLICHE ATTRAKTIONEN IN DEN HIGHLANDS

Loch Lomond: Die Ufer des Loch Lomond wurden viel besungen, und das aus gutem Grund. Die anmutige Schönheit des Sees offenbart sich am besten in den frühen Morgenstunden, wenn Nebelschwaden und friedliche Ruhe über der spiegelglatten Oberfläche liegen.

Glencoe: Es ist vollkommen egal, wie oft man Glencoe schon einen Besuch abgestattet hat. Sobald man den Eingang zum Tal erreicht und sich die dramatischen Felswände links und rechts der Straße erheben, fühlt man sich wieder aufs Neue ergriffen. Ein Stopp auf dem Parkplatz an den Three Sisters ist ein Muss!

Glen Lyon: Glen Lyon ist ein gut verstecktes Juwel in den Highlands. Der schottische Nationaldichter Sir Walter Scott nannte es schwärmerisch das »längste, einsamste und lieblichste Tal Schottlands«. Von Bergen umschlossen, ist es mit seinen Überresten des uralten kaledonischen Waldes so etwas wie ein verborgener Garten Eden.

Rannoch Moor: Und plötzlich ist man in der tiefsten Wildnis! Die karge Hochebene ist unbewohnt und Rückzugsort für wilde Tiere und Pflanzen. Ihre raue Schönheit offenbart die Moorlandschaft am besten bei einer Bahnfahrt.

Torridon und Beinn Eighe: Das Tal von Torridon wirkt wie eine Welt für sich, vollkommen aus der Zeit gefallen. Schon beim Durchfahren ahnt man, dass es viele Schätze birgt. Oberhalb des Tals türmt sich das schroffe Bergmassiv Beinn Eighe auf. Im gleichnamigen Nationalpark kann man das wilde Schottland mit seinen kargen Ebenen, unergründlichen Seen, klaren Bächen und tückischen Mooren hautnah erleben.

Loch Maree: Wenn man auf der Straße unterwegs ist, die sich durch das Glen Docherty auf den Loch Maree zuschlängelt, weiß man, warum dieser als einer der schönsten Seen der Highlands gilt. Über seinen Ufern erhebt sich majestätisch der unverwechselbare Gipfel von Slioch.

Corrieshalloch Gorge: Anderthalb Kilometer lang und 60 Meter tief – das sind die beeindruckenden Eckdaten dieser Schlucht. Überspannt wird sie von einer filigranen Hängebrücke, deren Überquerung wirklich nichts für Angsthasen ist. Sie belohnt den Mut jedoch mit dem Blick auf einen tosenden Wasserfall.

Der Applecross-Pass (Bealach na Ba Road): Es ist ein unvergessliches Erlebnis, die gewundene, einspurige Straße über den Applecross-Pass zu fahren – nicht nur des Blickes wegen, den man von seinem höchsten Punkt aus über die Westküste und die Inseln schweifen lassen kann, sondern auch wegen der vielen kleinen Highlights, die hinter jeder einzelnen Windung der Serpentinenstraße warten.

Old Man of Storr: Die außergewöhnliche Steinformation an der Ostküste der Isle of Skye ist ein wahrer Touristenmagnet und immer gut besucht. Die gewaltige Felsnadel ragt vor schroffen Klippen auf und sieht aus, als hätte ein Riese sie im Vorbeigehen fallen lassen.

Kilt Rock: Unweit des Old Man of Storr gibt es schon die nächste Attraktion zu bestaunen. 60 Meter tief fallen die

Basaltklippen hier wie die Falten eines Kilts ins Meer hinab, was ihnen ihren Namen gab. Der Mealt Waterfall stürzt sich nebenan mutig über ihren Rand.

The Inaccessable Pinnacle: Wie der Name schon sagt, ist dieses Naturwunder in den Cuillin Hills auf Skye nicht jedem zugänglich. Der Fels, der in seiner Form an einen Tannenzapfen erinnert, thront auf dem zweithöchsten Gipfel des Massivs in 986 Metern Höhe. Äußerst anspruchsvoll!

Cape Wrath: Hier erreichen Sie Wikingerland! So wild und ungezähmt zeigen sich die Highlands kaum irgendwo anders. Das Gebiet im hohen Norden ist schwer zugänglich und einfach nicht für Menschen gemacht. Doch wer die Herausforderung dieser Landschaft annimmt, wird mit spektakulären Ausblicken belohnt.

Smoo Cave: Wellen und Regen haben den gigantischen Steindom über Millionen von Jahren in die Kalksteinklippen an der Nordküste bei Durness geschabt. Allein der Eingang der Höhle misst 15 Meter in der Höhe, und auch die drei Kammern dahinter lohnen einen Besuch.

Yesnaby Castle Sea Stacks: Aus der tosenden Brandung vor der Orkney-Insel Mainland erheben sich beeindruckende Klippen, dominiert von einer einzelnen, 35 Meter hohen Felsnadel, die den schäumenden Urgewalten noch tapfer trotzt. Ideal für Vogelbeobachtungen!

26 UND DA SCHIMPFT DANN WIRKLICH KEINER?

GRENZENLOS FREI IN DEN HIGHLANDS

Am nächsten Morgen spürt Franziska jeden Muskel in ihrem Körper. Sie kann sich nicht erinnern, wann sie das letzte Mal so lange am Stück gelaufen ist, und hat das Gefühl, dass ihr Körper ihr die Tortur des letzten Tages sehr übel nimmt. Nur in Zeitlupe gelingt es ihr, sich aus dem gemütlichen Bett zu quälen. Sie scheint jedoch die Einzige zu sein, der es so geht. Judy und Paul sitzen schon gut gelaunt mit Angus' Eltern am Frühstückstisch, als sie sich unter Schmerzen die Treppen hinunterarbeitet.

»Na, bereit für das nächste Abenteuer?«, fragt Iain mit einem Augenzwinkern.

»Noch eins?«, antwortet sie schwach.

»Natürlich! Ab heute ist Schluss mit weichen Betten und warmer Dusche«, erwidert Paul kauend. Sie hofft, sich verhört zu haben, doch Pauls aufgeregt leuchtende Augen sprechen Bände.

Franziska beschließt, dass sie erst einen starken Tee braucht, ehe sie sich anhören kann, was Judy und Paul für diesen Tag ausgeheckt haben. Aber kaum hat sie sich auf einen Stuhl fallen lassen und begonnen, eine Scheibe Toast mit Butter zu bestreichen, geht die Hintertür des Hauses auf, und ein etwa zwei Meter hoher wandelnder Turm aus Taschen und Rucksäcken betritt die Küche. Angus lässt die Bündel fallen, die sich nun als Schlafsäcke, Zelt und Isomatten entpuppen, und grinst stolz in die Runde. »Könnt ihr alles haben!«

Ungläubig starrt Franziska auf die Ausrüstung und dann in die strahlenden Gesichter von Judy und Paul. »Ist das nicht toll?«, jubelt Judy. »Wir campen in den Bergen!« Ehe Franziska nachfragen kann, sind Paul und Angus bereits in Detailfragen der Ausrüstung vertieft, und so kaut sie stattdessen besorgt auf ihrem Toast herum.

Später, im Auto, erklärt Judy ihr endlich, was sie sich für den Tag überlegt haben. Sie wollen weiter oben im Norden der Insel eine Zweitagestour absolvieren und dabei zwei der wichtigsten Sehenswürdigkeiten der Isle of Skye besuchen: den Old Man of Storr und den Quiraring.

»Wir lassen uns Zeit«, erklärt Judy zur Beruhigung und dreht sich dabei zu Franziska um. »Wenn wir nicht mehr weiterkönnen oder das Wetter nicht mehr mitspielt, schlagen wir das Zelt auf und übernachten.«

Franziska fällt ein Stein vom Herzen. »Notfalls bleibe ich dann einfach auf dem Zeltplatz, bis ihr zurückkommt.«

»Zeltplatz? Welcher Zeltplatz?«, fragt Paul irritiert. »Wir schlagen das Zelt oben in den Bergen auf, wo wir eben gerade sind.«

»Ist das denn erlaubt?« Franziska hört selbst, wie typisch deutsch ihre Frage klingt, doch da hat sie sie schon ausgesprochen.

»Natürlich, wer sollte denn etwas dagegen haben? Hier draußen«, Judy macht eine Pause und schließt mit einer Geste die ganze Umgebung ein, »gilt das Jedermannsrecht!«

Die wichtigsten Regeln beim Wildcampen

Es ist einer der vielen Pluspunkte von Schottland, dass die Großzügigkeit der Menschen auch bei der Nutzung der Natur keine Grenzen kennt. Jeder darf sich **an der Landschaft erfreuen und die Wildnis nutzen** – solange er weder ihr noch dem Privateigentum anderer Menschen Schaden zufügt. Doch das versteht sich eigentlich von selbst, oder? Schließlich soll die ergreifende Schönheit dieses Landes noch möglichst lange erhalten bleiben. Es gilt: *Take nothing but pictures, leave nothing but footprints* – nichts mitnehmen außer Fotos, nichts zurücklassen außer Fußabdrücke. Im Klartext: Räumen Sie hinter sich auf, dann steht Ihnen dieses Land offen.

Unter Rücksichtnahme auf die Bewohner der Gegend, die Tiere und die Natur ist es sogar erlaubt, an jedem Ort in der Wildnis zu **zelten** und – sofern es sicher ist –

auch **Feuer zu machen**. Hier appelliert der ***Outdoor Access Code,*** der das Jedermannsrecht im Detail regelt, an das Verantwortungsbewusstsein der Besucher. Vor allem während Dürreperioden und in Wäldern, auf torfigen Böden oder in der Nähe von Gebäuden oder archäologischen Stätten sollte auf offenes Feuer verzichtet werden. Achten Sie beim **Wildzelten** außerdem darauf, dass Sie Ihr Lager außerhalb der Sichtweite von Häusern, historischen Sehenswürdigkeiten und Straßen errichten und Weideland meiden. Sollte es unumgänglich sein, dass Sie in der Nähe eines bebauten Grundstücks übernachten, fragen Sie vorher freundlich bei den Eigentümern an, ob das für sie in Ordnung ist.

DAS JEDERMANNSRECHT

Das **Jedermannsrecht** ist ein uraltes Gewohnheitsrecht – und weil es den Schotten besonders wichtig ist, haben sie es 2003 im *Land Reform (Scotland) Act* endlich schriftlich festgehalten und damit in die moderne Zeit hinübergerettet. Es wird heute im *Outdoor Access Code* genauer geregelt und erlaubt es jedem Menschen, sich auf unkultiviertem – also **nicht bebautem** – Land frei zu bewegen. Das schließt Felder jeglicher Art natürlich aus. Laufen Sie also um Getreidefelder herum und überqueren Sie **Weideland** nicht, wenn Sie einen Hund dabeihaben. Schilder weisen Sie außerdem auf Gebiete hin, in denen beispielsweise Vögel nisten, die Sie besser nicht stören sollten, oder in denen gejagt wird. Bleiben Sie in ausgewiesenen **Jagdrevieren** während der Jagdsaison (von Juni bis Oktober) auf etablierten Wegen, um sich nicht in Gefahr zu bringen.

Weitere Einzelheiten können Sie im ***Outdoor Access Code*** nachlesen, den Sie sich online auf www.outdooraccess-scotland.scot im Detail anschauen können. Demnach sollten Sie zum Beispiel nur mit **leichter Campingausrüstung** und in **kleinen Gruppen** losziehen. **Drei Nächte** an der gleichen Stelle sind das Maximum. Außerdem sollten Sie Ihren Campingplatz sauber zurücklassen und **alle Spuren Ihres Lagers beseitigen.** Das gilt insbesondere dann, wenn Sie **Feuer** gemacht haben. Lesen Sie den *Outdoor Access Code* am besten gründlich durch, bevor Sie Ihren Campingtrip in die Wildnis planen. Dann sind Sie auf der sicheren Seite!

27 IN DEN ALPEN BIN ICH AUCH SCHON ALLEIN GEWANDERT

GEFAHREN IN DEN HIGHLANDS RICHTIG EINSCHÄTZEN

Auf dem Parkplatz am Bride's Veil Waterfall, nicht mehr als eine kleine Bucht am Straßenrand, werden Judy und Paul plötzlich ungewohnt still – keine Spur mehr von fröhlichem Übermut. Hoch konzentriert sortieren sie die Ausrüstung, prüfen alle Teile doppelt und dreifach. Franziska ist überrascht darüber, wie gut die beiden dabei aufeinander eingespielt sind – sie scheinen genau zu wissen, was sie tun. Sie selbst hat die Regenhose und einen dicken Pullover von Angus' Frau in ihren Rucksack gestopft, ihre Wasserflasche noch einmal aufgefüllt und wartet nun darauf, dass ihre Begleiter ihre Prüfung abschließen. Als es ihr schließlich zu lange dauert, folgt sie dem schmalen Trampelpfad zu dem spektakulären Wasserfall, der sich ein paar Hundert Meter weiter über mehrere Terrassen den Hang hinunterstürzt.

Ihr gelingen ein paar schöne Fotos, und sie ist zufrieden mit sich selbst. Als sie schließlich zurückkehrt, befestigt Judy gerade mit einem geübten Griff das zusammengerollte Zelt an Pauls Rucksack.

»Fertig?«, fragt Franziska gut gelaunt.

»Ja«, antwortet Judy kurz angebunden und mit einem seltsamen Unterton in der Stimme. »Und du?«

»Sicher.«

»Und hast du alles dabei, was du brauchst? Erste-Hilfe-Ausrüstung? Taschenlampe? Was machst du, wenn du uns verlierst und keine Orientierung mehr hast? Hast du eine Karte dabei?« Judy klingt verärgert.

Ratlos blickt Franziska zu Paul, doch der scheint ausnahmsweise einmal nicht gewillt, ihr beizuspringen. Auch sein Gesichtsausdruck ist ungewohnt ernst. »Das sind berechtigte Fragen«, sagt er stattdessen. »Einen Kompass hast du auch nicht. Oder eine Trillerpfeife.«

»Leute, macht mal halblang!« Beschwichtigend hebt Franziska die Hände und macht einen Schritt zurück. »Ich habe da hinten nur ein paar Fotos gemacht. Jetzt bin ich voll da. Und ich bin nicht das erste Mal in den Bergen. Meine Familie hat früher immer in den Alpen Urlaub gemacht, und auch am Wochenende sind wir oft in die Berge gefahren. Ich weiß, wie ich mich zu verhalten habe.«

»Das hier sind aber nicht die Alpen!«, fährt Judy dazwischen. »Das hier ist echt eine andere Hausnummer, und du solltest das nicht unterschätzen. Sonst gehörst du nämlich zu denen, die nicht aus den Bergen zurückkommen.« Sie wirft Franziska eine Taschenlampe zu, zerrt sich den Rucksack über beide Schultern und stapft los.

Nun macht sich doch so etwas wie Mitgefühl auf Pauls Gesicht breit. »Sie macht sich nur Sorgen. Aber sie hat recht.« Damit hebt er Franziskas Rucksack auf und hilft ihr in die Träger, bevor er Judy mit großen Schritten folgt. In der Seitentasche ihres Rucksacks ertastet Franziska eine Wanderkarte – und lächelt gerührt.

Sicher wandern in den schottischen Highlands

Es muss einmal so hart gesagt werden: Wandern in den Highlands kann lebensgefährlich werden! Diese Berge sind wild und **unberechenbar.** Das Wetter kann innerhalb kürzester Zeit umschlagen und dabei alle vier Jahreszeiten durchspielen, und Nebel kann Sie binnen weniger Minuten vollkommen **orientierungslos** zurücklassen. Deshalb ist es notwendig, sich auf eine Wanderung in den Highlands entsprechend vorzubereiten – vor allem dann, wenn man allein und auf unmarkierten Wegen loszieht. Einsteigern, die weder das **Equipment** noch das **Know-how** dafür mitbringen, muss deshalb an dieser Stelle ganz dringend davon abgeraten werden, eine solche Tour allein in Angriff zu nehmen.

Glücklicherweise bedeutet das nicht, dass man die Highlands nicht trotzdem in all ihrer Schönheit erwandern kann. Auf der Internetseite walkhighlands.co.uk finden Sie zahllose **gut beschriebene Wanderwege,** die nach Schwierigkeitsgrad bewertet und entsprechend ihrer Dauer und Länge sortiert sind. Hier findet jeder eine Tour, die seinen

Fähigkeiten und Möglichkeiten entspricht – vom halbstündigen Waldspaziergang bis zur mehrtägigen Passüberschreitung, die Outdoorfans alles abverlangt. Sie können sich natürlich auch in den Touristeninformationen vor Ort oder in Ihrer Unterkunft persönlich beraten lassen. In vielen Gegenden, die touristisch gut erschlossen sind, gibt es markierte Wanderwege, die die Orientierung erleichtern und helfen, die Tour im Voraus realistisch einzuschätzen.

Doch auch hier gilt: Die richtige **Vorbereitung** ist alles! Was Sie dabei beachten müssen, ist auf der Walkhighlands-Seite unter *Mountain Skills and Safety* zusammengefasst:

DIE 5 ÜBERLEBENSREGELN FÜR DIE HIGHLANDS

1. Checken Sie die **Wettervorhersage,** bevor Sie aufbrechen.
2. Bleiben Sie flexibel und passen Sie Ihre Pläne an etwaige **Wetteränderungen** an. Stur auf einem Plan zu beharren kann unter Umständen sehr gefährlich werden.
3. Lassen Sie eine **Nachricht** in der Unterkunft oder in der Touristeninformation zurück, aus der hervorgeht, wohin Sie unterwegs sind und wann Sie zurück zu sein planen. Melden Sie sich nach Ihrer Rückkehr dort auch unbedingt wieder, damit nicht unnötig Alarm ausgelöst wird. Einen entsprechenden Vordruck für Ihre Nachricht finden Sie als *Going to the Hills Form* auf walkhighlands.co.uk.

4. Packen Sie Ihren **Wanderrucksack** richtig. Sie brauchen: warme, wind- und regenfeste Kleidung, festes Schuhwerk, das über die Knöchel reicht, ausreichend Verpflegung und Wasser, eine Wanderkarte (im Maßstab 1:50.000 oder 1:25.000) der entsprechenden Region sowie einen Kompass (und die Fähigkeit beides zu benutzen!), eine Taschenlampe, eine Trillerpfeife für den Notfall (Notrufsignal: sechs Pfiffe bzw. sechs Lichtzeichen hintereinander, Pause und dann Wiederholung) und eine wenigstens rudimentäre Erste-Hilfe-Ausrüstung.
5. Vergewissern Sie sich unterwegs mithilfe von **Karte und Kompass** immer wieder, dass Sie sich noch auf dem richtigen Weg befinden und nicht einfach einem Trampelpfad ins Nirgendwo folgen. Sie sollten stets in der Lage sein, Ihre exakte Position zu berechnen – auch für den Fall, dass Sie Alarm auslösen müssen.

28 EDINBURGH IM SPÄTSOMMER? TOLLE IDEE!

HOCHSAISON IN DER SCHOTTISCHEN HAUPTSTADT

Noch Tage später gerät Franziska jedesmal ins Schwärmen, wenn sie von ihrer Wanderung mit Judy und Paul auf dem Trotternish Ridge berichtet. Dieser Moment, als sie am Morgen nach einer unruhigen Nacht aus dem Zelt krabbelte und die ersten Sonnenstrahlen die endlosen Bergzüge rings herum erreichten, wird für sie für immer unvergesslich bleiben. Die klare Luft, die Erhabenheit der kargen Landschaft, das geheimnisvolle Licht im Frühnebel, das Gefühl, zu Gast in einer rauen, ungezähmten Welt zu sein – all das hat sich in ihr Gedächtnis eingebrannt, und sie hütet es wie einen kleinen Schatz. Auch ihren Eltern erzählt sie bei einem Videoanruf mit leuchtenden Augen von der fantastischen Landschaft und den Plänen, die Paul und sie für die nächsten Wochen schmieden. Während ihr Vater seine Tochter anstarrt, als hätte er dieses strahlende fremde Mädchen noch nie gesehen, das freiwillig in der Wildnis übernachtet, lässt sich ihre Mutter sofort von Franziskas Begeisterung anstecken.

Sie scheint etwas sagen zu wollen, das ihr auf dem Herzen liegt, zögert kurz – unsicher, ob sie es wagen soll – und rückt dann doch mit der Sprache heraus: »Ich möchte dich so gern besuchen kommen, Franzi. Papa habe ich es schon gesagt. Was hältst du davon? Dann könnten wir uns das alles einmal mit eigenen Augen ansehen.«

»Tolle Idee«, ruft Franziska und kann es plötzlich kaum erwarten, ihren Eltern ihr geliebtes Schottland zu zeigen. »Macht das auf jeden Fall«, sagt sie, ohne weiter darüber nachzudenken.

Auf der anderen Seite des Ärmelkanals ist ihre Mutter mindestens genauso aufgeregt und greift grinsend nach der Hand ihres Mannes. »Ich könnte im August eine Woche freinehmen. Papa bekommt das auch irgendwie hin. Reicht das?«

»Na klar, ich suche euch die Highlights heraus. Eine Woche wird sich anfühlen wie ein Monat, weil wir so viele spektakuläre Dinge sehen werden.«

Obwohl Franziskas Papa weniger überschwänglich reagiert und nicht in lauten Jubel ausbricht, sieht sie ihm an, dass auch er sich sehr freut. Plötzlich packt sie Heimweh nach ihrer Familie, und sie greift sofort nach ihrem Kalender, um nach einer geeigneten Woche zu suchen. Eine halbe Stunde später sind die Flugtickets nach Edinburgh gebucht, und Franziska verspricht, einen Mietwagen und Unterkünfte zu organisieren. »Das kannst du viel besser mit deinem Englisch«, erklärt ihre Mutter und strahlt dann zum Abschied noch einmal in die Kamera ihres Tablets.

Den Abend verbringt Franziska mit *takeaway food* auf ihrem Zimmer, auf der Suche nach Unterkünften. Doch es ist wie verhext: Edinburgh ist im August komplett ausgebucht! Die wenigen Zimmer, die es noch gibt, sind luxuriöse Suiten für mehrere Hundert Pfund die Nacht. Selbst bei Airbnb kommt sie nicht weiter. Frustriert schleppt sie sich in die Küche, um sich ein Ale aus dem Kühlschrank zu holen. Dort sitzen Paul, Judy und Liesbeth beim Abendessen.

»Warum so unglücklich?«, fragt Liesbeth kauend, in ihrem Blick aufrichtige Anteilnahme.

»Ich versuche, für meine Eltern und mich ein Hotel in Edinburgh zu buchen, aber es ist einfach nichts zu machen. Der ganze August ist voll!« Missmutig starrt Franziska auf die Flasche Bier in ihrer Hand und bekommt so nicht mit, wie ihre Mitbewohner schnelle Blicke austauschen, bevor sie in Gelächter ausbrechen.

»Natürlich ist es voll«, prustet Judy. »Es ist Edinburgh Festival!«

Das Edinburgh Festival – Tipps und Tricks

So romantisch die Idee von Edinburgh im Spätsommer auch sein mag – wenn Sie nicht mindestens ein Jahr vorher gebucht haben, *machen Sie das nicht!* Im August und September brodelt die schottische Hauptstadt und platzt aus allen Nähten. Grund dafür ist das Edinburgh Festival, eine **dreiwöchige Festivalsaison,** die sich aus einer Vielzahl kleinerer Events zusammensetzt. Als Höhepunkte gelten

Jahr für Jahr das Edinburgh Fringe (auch nur The Fringe genannt), das größte Kulturfestival der Welt, und das Edinburgh Military Tattoo, der kolossale Zapfenstreich im Vorhof des Castle. Etwa zwei Millionen Besucher kommen jährlich zu den **zahllosen Veranstaltungen** in die Stadt; die Tickets sind begehrt und immer frühzeitig ausverkauft. Dementsprechend unmöglich wird es, irgendwo innerhalb der Stadtgrenzen eine bezahlbare Unterkunft zu finden. Also: Tun Sie sich diesen Stress nicht an!

Es sei denn natürlich, Sie wollen das **Festival besuchen** – und dazu wiederum kann man Ihnen nur dringend raten. Dann ist es allerdings wichtig, dass Sie sich schon sehr frühzeitig bewusst dafür entscheiden und weit im Voraus buchen. Die ersten **Tickets** gibt es Anfang Februar des jeweiligen Jahres zu kaufen; Ihre Unterkunft haben Sie sich dann im Idealfall bereits gesichert. Um gute Karten zu ergattern, müssen Sie am besten ganz schnell zuschlagen, ohne zu wissen, was Ihnen das Festival bieten wird. Zu diesem Zeitpunkt, an dem das Programm noch nicht veröffentlicht ist, ist nur eines sicher: Sie werden in jedem Fall nicht enttäuscht sein!

Das ist Ihnen zu riskant? Dann warten Sie ein bisschen: Monat für Monat werden weitere Details und Veranstaltungen bekannt gegeben, und Sie können zielgerichteter buchen. Aber schon wegen der Unterkunft sei Ihnen geraten, damit nicht zu lange zu warten. Notfalls sichern Sie sich das Hotel schon einmal auf Verdacht und machen gegebenenfalls von Ihren Stornierungsmöglichkeiten Gebrauch.

Haben Sie Tickets und eine Übernachtungsmöglichkeit ergattert, dürfen Sie sich zurücklehnen und sich auf einen ganz besonderen Trip freuen. Dann wählen Sie aus einem

Programm aus, das weltweit seinesgleichen sucht: Neben dem Fringe, das die ganze Stadt mit unzähligen kleinen und großen **Theateraufführungen** in eine riesige Bühne verwandelt, und dem legendären **Military Tattoo** warten ein **Film Festival,** ein **Book Festival,** ein **Jazz and Blues Festival,** ein **Arts Festival,** ein **Television Festival** und ein **Entertainment Festival** sowie das **Edinburgh Mela** auf neugierige Besucher. Das Mela feiert das multikulturelle Schottland und die Vielseitigkeit der schottischen Gesellschaft. Dort erleben Sie Musik, Tanz und Kunst aus allen Teilen der Welt und feiern, dass wir – bei allen Unterschieden – letztendlich alle gleich sind.

29 WAS SOLL DENN DIESES FÜRCHTERLICHE GEJAULE?

GESCHMACKSSACHE DUDELSACK

Der August kommt schneller als gedacht, und ehe Franziska sichs versieht, steht sie in Edinburgh am Flughafenterminal, um ihre Eltern abzuholen. Sie kann es kaum erwarten, die beiden wieder in die Arme zu schließen. Als sich schließlich die Türen zum Sicherheitsbereich öffnen und ihre Eltern heraustreten, kämpft sie zu ihrer eigenen Überraschung tatsächlich kurz mit den Tränen. Nach einer stürmischen Begrüßung lässt sie ihre Eltern in der Wartehalle kurz auf einer Bank zurück, damit sie sich beruhigen und sammeln können, während sie selbst den gebuchten Mietwagen abholt. Aus Inverness ist sie mit dem Zug gekommen, die lange Strecke wollte sie sich mit dem Auto nicht zumuten. Etwa eine halbe Stunde soll die Fahrt in die kleine Pension dauern, die Franziska schließlich doch noch buchen konnte. Sie befindet sich in Linlithgow, wiederum eine gute halbe Stunde Autofahrt vom Stadtzentrum von Edinburgh entfernt. Dass sie, um später von dort in die Innenstadt zu gelangen, eine Stunde mit dem Zug zur Waverly Station fahren müssen, hat sie ihren Eltern bisher verschwiegen.

Doch am frühen Abend stehen alle drei mit leuchtenden Augen auf der South Bridge. Vor ihnen liegen die hell erleuchteten Princess Street Gardens mit dem Scott Monument und dahinter der schroffe Castle Hill, auf dem Edinburgh Castle thront, als sei es vor Urzeiten aus ihm herausgewachsen. Zu ihrer Linken erhebt sich die Altstadt von Edinburgh, ein Labyrinth mit verwinkelten Treppen und Gassen, das ebenfalls eher aus dem Hang gewachsen als darauf gebaut worden zu sein scheint. Überall Licht, überall Musik – die Stadt brodelt regelrecht. »Was für eine wundervolle –«, hebt Franziskas Mutter an, ihre Worte gehen jedoch im plötzlichen Aufheulen eines Dudelsacks unter. Ein hoch gewachsener Mann in traditioneller Tracht hat sich unbemerkt neben ihnen aufgebaut und gibt nun alles, um das Festivalpublikum zu unterhalten. Schnell suchen die drei das Weite und wechseln die Straßenseite. Franziskas Vater wirkt schockiert. »Was ist das für ein fürchterliches Gejaule? Hätte er das Ding nicht zu Hause stimmen können?« Mit wütend zusammengezogenen Augenbrauen blickt er zu dem Musiker hinüber, als überlege er ernsthaft, den Mann zu verklagen.

Mit einem Lachen ziehen die beiden Frauen ihn weiter, die Stufen hinab in die Gärten unterhalb der Princess Street. Auch hier gibt es überall Straßenkünstler: Comedians, die mit starkem Akzent ihr Programm zum Besten geben, Porträtmaler, zwei junge Sängerinnen, die anscheinend gerade eine klassische Opernausbildung absolvieren, eine Gruppe Theaterstudenten, die die Besucher mit Improvisationstheater unterhält, und – unweigerlich – noch zwei weitere Dudelsackspieler, die sich an verschiedenen Enden des Parks positioniert haben, sodass ihr Spiel nicht in Konflikt mit dem des anderen gerät. Überwältigt von so vielen Eindrücken lässt sich Franziskas Mutter auf eine Bank sinken, während Franziska sich an einem nostalgisch gestalteten Eiswagen anstellt, um drei Portionen Softeis zu erstehen. Alle Menschen um sie herum strahlen, scheinen im Beat der Stadt zu vibrieren. Nur Franziskas Vater starrt noch immer missmutig zu einem der Dudelsackspieler hinüber. Als sie ihm sein Eis in die Hand drückt, fragt er brummend: »Das geht jetzt aber nicht die ganze Zeit so weiter mit dem Krach, oder?«

Die schottische Liebe zum Dudelsack

Ein gut gemeinter Ratschlag: Legen Sie sich nicht mit dem Dudelsack an! Sich allzu laut negativ über den Dudelsack zu äußern, ist wirklich keine gute Idee – sich allzu nah daneben zu stellen, wenn ein Piper zum nächsten Song anhebt, allerdings auch nicht. Ersteres deshalb, weil das Dudelsackspielen eine Kunst ist, die man erst zu schätzen weiß, wenn man einmal versucht hat, diese **Multitaskingleistung** tatsächlich selbst zu vollbringen. Letzteres eher deshalb, weil der Dudelsack ein Instrument ist, das für die **offene Weite der schottischen Highlands** und stürmische Tage gemacht ist, nicht für die Nahbeschallung in einem ruhigen Park in Edinburgh.

Doch weder das eine noch das andere kann die Schotten davon abhalten, ihren Dudelsack hingebungsvoll zu lieben. Sein Klang macht sie stolz und lässt ihre Brust schwellen. Er erinnert sie an **vergangene Zeiten,** an einstige Größe, an ruhmreiche Schlachten und tragische Niederlagen. Kommen dann noch Trommeln hinzu, ist es um die schottische Seele geschehen: dann marschiert sie mit ausgestreckter Faust in Richtung Unabhängigkeit und Freiheit. Und auch als Besucher kann man sich der Sogwirkung dieses zugleich klagenden und anstachelnden Instruments kaum entziehen. Der Klang eines einzelnen Dudelsacks, auf einem windumtosten Hügel gespielt, löst eine unbestimmte **Sehnsucht** in denen aus, die es hören – der eines ganzen Chors aus Dudelsäcken, von Trommeln begleitet, geht sofort in die Beine und fordert zum Wippen, Tanzen und Springen auf.

Doch nicht alle Menschen können mit diesem speziellen Sound etwas anfangen – und das ist vollkommen in Ordnung! Nur weil manche Schotten von Dudelsackmusik einfach nicht genug bekommen können, heißt das nicht, dass Sie sich gleich eine Folklore-CD fürs Auto kaufen und den Rest des Urlaubs schicksalsergeben Dudelsackklängen lauschen müssen. Aber versuchen Sie wenigstens, dem Impuls zu widerstehen, sich öffentlich die Ohren zuzuhalten. Das haben wirklich nur die allerwenigsten Dudelsackspieler verdient!

DUDELSACK SPIELEN – EINE ECHTE HERAUSFORDERUNG!

Der Dudelsack ist ein relativ schwierig zu spielendes Instrument. Das liegt daran, dass der Spieler verschiedene Dinge **gleichzeitig** tun muss, um ihm auch nur einen einzigen Ton zu entlocken. Die Sackpfeife selbst besteht aus einem **Luftsack,** einer **Spielpfeife** und einer oder mehreren **Bordunpfeifen.** Letztere erzeugen den Dauerton, der allen Dudelsackstücken zugrunde liegt und das ganze Lied über nicht abreißt. Das ist das beständige **„Brummen",** das man am Anfang und am Ende eines jeden Stückes hört. Darüber legt der Piper dann mithilfe der Spielpfeife die eigentliche **Melodie.**

Alle Pfeifen werden dabei unablässig mit Luft aus dem Luftsack versorgt, der wie ein Blasebalg funktioniert. Damit das klappt, ist es notwendig, ihn kontinuierlich mit Luft zu befüllen und diese dann durch einige Kraftanstrengung mit dem Arm aus dem Sack in die Pfeifen zu befördern. Das heißt: Anders als etwa beim Spielen einer Flöte wird nicht mit jedem Blasen des Instruments ein Ton erzeugt, sondern die Atmung und die gespielten Töne sind voneinander unabhängig. **Rückschlagventile** an den Bordunpfeifen ermöglichen es dem Musiker, zwischendurch Luft zu holen, ohne dass die Töne abreißen.

Das Spielen eines Dudelsacks erfordert also doppelte und dreifache Konzentration: Der Spieler muss darauf achten, dass dem Sack nicht die Luft ausgeht, während er gleichzeitig mit dem Arm ausreichend Luft in die Pfeifen pumpt *und* auf der Spielpfeife mit den Fingern die Melodie spielt. Und als wäre das alles noch nicht genug, **marschieren** Dudelsackspieler dazu häufig noch in Formation und folgen einer komplizierten **Choreografie!** Probieren Sie *das* erst einmal selbst, bevor Sie einem Piper ärgerliche Blicke zuwerfen ...

30 FÜR EINE NACHT FINDEN WIR DANN SICHER NOCH WAS!

DIE TOURISTENHOCHBURG ISLE OF SKYE

Fast ist Franziska erleichtert, als sie das trubelige Edinburgh am späten Abend hinter sich lassen und mit dem Zug zurück nach Linlithgow fahren. Nach Monaten im beschaulichen Inverness fühlt sie sich von der schottischen Hauptstadt im Festivaltaumel beinahe ein bisschen überfordert. Am frühen Morgen des nächsten Tages steigt sie mit ihren Eltern in den Mietwagen und fährt über die M90 und die A9 in Richtung Norden. Franziska spürt, wie sie immer ruhiger wird, je mehr das Land um sie herum wieder dem Schottland gleicht, in das sie sich verliebt hat. Am südlichen Rand des Cairngorm National Park vorbei geht es dann immer weiter gen Westen, bis nach fast fünf Stunden Fahrzeit ihr Tagesziel erreicht ist: Kyle of Lochalsh.

Nachdem sie ihren Eltern nahezu pausenlos von der Schönheit der Isle of Skye vorgeschwärmt hat, möchte sie ihnen die Insel nun auch unbedingt zeigen. Über die Skye Bridge geht es über die Meerenge auf das Eiland. Doch im Kreisverkehr hinter der Brücke wird Franziska von einem Polizisten herausgewunken. Gegen die sofort aufkeimende Panik ankämpfend, lenkt Franziska das Auto an den Straßenrand einer kleinen Seitenstraße und lässt das Fenster herunter. Ein freundlich aussehender Polizist tritt neben die Fahrertür und wirft einen Blick in den Wagen. Er grüßt mit der Hand an der Mütze und fragt dann im schönsten schottischen Akzent, ob sie eine Unterkunft für die Nacht gebucht hätten.

Überrascht sieht Franziska ihre Eltern an, zuckt ratlos die Schultern, während ihre Mutter von der Rückbank flüstert: »Was will er?«

»Nein, wir wollten uns in Portree ein Bed and Breakfast suchen«, antwortet sie, an den Polizisten gewandt.

»Dann würde ich Ihnen empfehlen, wieder umzukehren«, gibt der Polizist mit einem betrübten Gesichtsausdruck zurück. »Die Insel ist vollkommen überfüllt und ausgebucht. Es gibt keine Zimmer mehr.«

Einen Moment lang ist Franziska völlig fassungslos. Als ihre Mutter wieder von hinten zischt: »Was will er denn, Franzi?«, fährt sie wütend herum.

»Jetzt warte doch mal kurz. Er sagt, hier ist alles ausgebucht.« Bemüht, nicht in Tränen auszubrechen, dreht sie sich wieder zu dem freundlichen Polizisten um und fragt: »Und da ist wirklich nichts zu machen?«

»Ich fürchte, nein. Natürlich kann ich Ihnen nicht verbieten, weiterzufahren, aber unsere Aufgabe ist es, den Leuten den Weg auf die Insel zu ersparen, wenn es wirklich keine Übernachtungsmöglichkeiten mehr gibt. Tut mir leid.« Er tippt sich noch einmal an die Mütze, tritt dann einen Schritt zurück und überprüft die Straße, bevor er ihr mit einem Handsignal bedeutet, dass es sicher ist, zu wenden.

Automatisch folgt Franziska seiner Anweisung, und nur wenige Minuten später überqueren sie und ihre Eltern zum zweiten Mal die Meerenge. Wieder in der Hafenstadt Kyle of Lochalsh angekommen, lenkt sie das Auto auf einen Parkplatz und zückt ihr Smartphone. In betroffenem und eindeutig enttäuschtem Schweigen sitzen ihre Eltern auf ihren Plätzen und wagen es nicht, sie zu stören, während sie online nach einer kurzfristig verfügbaren Unterkunft sucht.

Die Grenzen des Tourismus auf der Isle of Skye

Es kommt selten vor, dass man es hautnah erlebt, wenn eine touristische Sehenswürdigkeit wirklich an ihre Grenzen gerät. Auf der Isle of Skye ist das jedoch in den letzten Jahren zum Dauerzustand geworden – und das ist äußerst schmerzhaft anzusehen. Die Einheimischen bitten schon länger verzweifelt um staatliche Unterstützung, weil sie die **Touristenmassen** kaum noch bewältigen können – die engen, gewundenen Straßen der Insel sind von Wohnwagen,

Bussen und Autokolonnen verstopft, überall liegt Müll herum, und die Natur wird ohne Rücksicht auf Verluste als öffentliche Toilette benutzt. Hotels und *B&Bs* arbeiten die ganze Saison über an ihren Belastungsgrenzen (und darüber hinaus), und die Restaurants kommen, allen Anstrengungen zum Trotz, nicht damit hinterher, all die Menschen zu bedienen, die Skye sehen wollen.

Für Besucher der Insel bedeutet das zweierlei: Sie sollten in der Hauptreisezeit (Juni bis August) *niemals* ohne eine bestätigte Unterkunft auf die Insel reisen, und sie müssen sich darauf einstellen, dass sie die bezaubernde Insel nicht für sich allein haben werden. Ob Fairy Pools, Kilt Rock oder Old Man of Storr – überall, wo Sie hinkommen, sind die anderen schon längst vor Ort. Was für Urlauber schon ärgerlich ist, ist für die Bewohner der Isle of Skye im Alltag aber fast unerträglich geworden. Filmproduktionen (zum Beispiel *Big Friendly Giant,* 2016) haben die Hebrideninsel weltweit auf die Travel-Agenda gesetzt und sie fast über Nacht zu einem Hotspot gemacht, ohne dass die Inselbewohner eine Chance gehabt hätten, sich darauf einzustellen und eine entsprechende **Infrastruktur** zur Verfügung zu stellen. Die Folge: Es fehlt an gut ausgebauten Straßen, die den Verkehr bewältigen können, öffentlichen Toiletten, genügend Parkplätzen und Übernachtungsmöglichkeiten.

Wer also wirklich nur dann auf die Insel fährt, wenn er die **bestätigte Buchung** einer Unterkunft vorweisen kann, akzeptiert die Kapazitätsgrenzen der Insel und sorgt dafür, dass weder die Einheimischen noch die einzigartige Natur noch größerem Stress ausgesetzt werden, als sie es ohnehin schon sind. Sollten Sie in der Hochsaison an der Isle of Skye Bridge tatsächlich von der Polizei angehalten werden, ist das zwar eher als Empfehlung zu verstehen, aber dahinter steckt in Wahrheit der verzweifelte Versuch der Insel, sich selbst zu schützen. Und das sollten wir respektieren!

Gegen einen **Tagestrip** spricht natürlich nichts, aber achten Sie auch hier darauf, dass Sie sich möglichst rücksichtsvoll verhalten, nicht wild auf unmarkierten Flächen parken, dass Sie auf ausgewiesenen Wegen bleiben, um die Landschaft zu schützen, und keinen Müll zurücklassen. So tragen Sie am ehesten dazu bei, dass sich die Insel – hoffentlich – nach und nach wieder regenerieren kann.

5 WUNDERSCHÖNE ALTERNATIVEN ZUR ISLE OF SKYE

Es muss nicht immer die Isle of Skye sein. **790 Inseln** rings um Schottland warten darauf, erkundet zu werden – einige davon unbewohnt und vom Tourismus bislang kaum berührt. Fünf Tipps für alle, die eine Alternative zur Isle of Skye suchen:

Iona: Das winzige Eiland gilt als »Wiege des Christentums« in Schottland. Gerade einmal acht Quadratkilometer groß, war es jener Ort, den der irische Missionar St. Columba im 6. Jahrhundert auswählte, um eine Abtei zu erbauen. Sie dominierte über Jahrhunderte hinweg als geistliches Zentrum die Region. Auch landschaftlich hat das Idyll in den Inneren Hebriden seinen Besuchern einiges zu bieten.

Harris: Weiter draußen, in den Äußeren Hebriden, lockt diese Insel alle an, die Abwechslung zu schätzen wissen. Obwohl Harris nicht besonders groß ist, ist das Eiland mit seiner schroffen, dramatischen Ostküste und seinen weißen Traumstränden im Westen überraschend vielseitig. Und es gibt viel zu erleben! Ob Golfen, Kajakfahren oder Wandern – auf Harris wird es nicht langweilig.

Mainland (Orkney): Die etwa 70 Orkneyinseln liegen nur knapp zehn Kilometer vor der schottischen Nordküste und sind doch eine Welt für sich. Seit mehr als 6.000 Jahren leben Menschen hier draußen – und die Überreste ihrer Kulturen sorgen für eine ganz besondere Magie auf Mainland. Maeshowe, der Ring of Brodgar und Skara Brae sind nur einige der spektakulärsten Sehenswürdigkeiten der Insel.

Arran: Obwohl sie von Glasgow aus schnell zu erreichen ist, ist die Insel noch immer ein Geheimtipp und kaum bekannt. Dabei bietet Arran auf seinen 450 Quadratkilometern eine Vielfalt, die sich wunderbar als »Schottland im Miniaturformat« zusammenfassen lässt. Freuen Sie sich auf idyllische Dörfer, romantische Burgruinen und rätselhafte Steinkreise, eingebettet in eine malerische Landschaft.

Jura: Lange Zeit war die Insel vor allem Whiskykennern ein Begriff, dabei ist die schroffe Schönheit das ideale Ziel für alle, denen es gar nicht einsam und abgelegen genug sein kann. Schon die etwas umständliche Anreise hält die Touristenströme fern. Dabei lohnt sich jede Mühe, hierher zu gelangen: Das schroffe Eiland verbirgt in seinen Bergen nämlich unter anderem Wasserfälle, die wie gemalt wirken, und den beeindruckenden Standing Stone of Tarbert.

31 KOMM, WIR GEHEN NOCH KURZ RUNTER ZUM STRAND!

DER SANDSTRAND AM ENDE DER WELT

Es entgeht der liebenswürdigen Gastgeberin ihres Notfall-*B&B* keineswegs, dass die Stimmung ihrer drei Gäste aus Deutschland sehr gedämpft ist. Als sie den Grund erfährt, nickt sie bekümmert. »Ja, die Isle of Skye ist dem Ansturm der letzten Jahre einfach nicht gewachsen. Aber das heißt ja nicht, dass Sie nicht trotzdem einen fantastischen Urlaub haben können. Wenn Sie von hier aus der Küste nach Norden folgen, erleben Sie ein Schottland, das nicht viele Touristen kennenlernen. Da oben finden Sie Ruhe und sehen das wilde, ursprüngliche Schottland.« Sie zwinkert ihnen verschwörerisch zu und breitet eine Karte auf dem Couchtisch aus. Mit dem Finger folgt sie der A890 und der A835 hinauf in den zerklüfteten Norden Schottlands, in dem kaum noch Ortschaften oder Straßen verzeichnet sind. »Dort oben gibt es die schönsten Strände und atemberaubende Landschaften«, sagt sie und malt einen Kringel auf eine Stelle an der Küste. »Sandwood Bay. Da müssen Sie hin!« Beim Abendessen besprechen Franziska und ihre Eltern den Plan und entscheiden sich dafür, der Nordküste zu folgen, um so schließlich nach Inverness zu gelangen, damit ihre Eltern sehen können, wo sie lebt. Noch vor dem Schlafen bucht Franziska dafür diverse Unterkünfte im Voraus, damit ihnen so ein Missgeschick nicht noch einmal passiert. Aber selbst Tage vor der Anreise ist es schwer, dort oben überhaupt noch etwas zu finden. Kein Wunder: Die Gegend ist dünn besiedelt, und es ist Hauptsaison.

Knapp vier Stunden reine Fahrtzeit nach Kinlochbervie liegen am nächsten Morgen vor ihnen, doch das Wetter ist herrlich und die Strecke wunderschön. Im Norden angekommen, legen sie nur einen kurzen Zwischenstopp an der Pension ein, bevor sie zum Strand weiterfahren. Der Parkplatz ist überraschend klein und kaum besucht. Auf Badesachen verzichten sie, weil der Wind vom Atlantik relativ kühl hereinkommt. Stattdessen stopfen sie ein Handtuch und zwei Wasserflaschen in den Rucksack, cremen sich mit Sonnencreme ein und folgen dann dem Schild, das in Richtung Strand weist.

»Franzi« – ihr Vater hält Franziska plötzlich zurück. Sie und ihre Mutter waren bereits vorausgelaufen, während er noch das Schild studierte, das Besucher über den Strand informiert. »Da steht, es wären ganze vier Meilen bis zum

Strand, das sind sechs Kilometer!« Er deutet auf die entsprechende Stelle auf der Infotafel.

»Ach, Quatsch, so weit kann das doch nicht sein. Ich kann den Strand doch schon fast von hier aus sehen. Wir schauen einfach mal, genug Wasser haben wir ja dabei.« Sie knufft ihren Vater in die Seite und schließt dann mit großen Schritten zu ihrer Mutter auf.

Erst eine Stunde später, als noch immer kein Strand in Sicht ist und der flache, gewundene Pfad durch die Dünenlandschaft in ewiger Gleichförmigkeit in die Unendlichkeit zu reichen scheint, dreht sie sich mit zerknirschtem Gesicht zu ihrem Vater um und gibt zu: »Du könntest recht gehabt haben.«

Er gibt ihr einen leichten Klaps. »Na, jetzt will ich den Strand aber auch sehen. Ein Strand, der diesen Weg wert ist, muss spektakulär sein.«

Franziska nickt langsam, streicht sich die Haare aus dem Gesicht und setzt den endlosen Weg in Richtung Traumstrand fort.

Warum Sandwood Bay einen Sechs-Kilometer-Fußmarsch lohnt

Es stimmt: Man möchte dem Hinweis auf dem Schild wirklich nicht glauben, der besagt, dass sechs Kilometer Fußweg zum Strand vor einem liegen. Und dann denkt man sich leichtsinnig: Ach, wie weit können sechs Kilometer schlimmstenfalls schon sein? Die Antwort ist ernüchternd: Seeeeehr weit! Den Weg zur Sandwood Bay zu unterschätzen ist ein häufiger Fehler von Touristen. Die sechs Kilometer sind tatsächlich ernst gemeint, und **anderthalb bis**

zwei Stunden Fußweg pro Richtung sollten Sie auf jeden Fall einkalkulieren.

Doch deshalb auf einen Besuch der Sandwood Bay verzichten? Auf keinen Fall! Denn die schmerzenden Füße sind der faire Preis, den man für **einen der wohl schönsten Strände der Welt** zahlen muss. Mit seinem weißen Sand, der romantischen, endlosen Dünenlandschaft und dem säuselnden Wind, der **Piratengeschichten** zu erzählen scheint, macht er jedem Karibikstrand Konkurrenz – nur ohne die Menschenmassen. Denn der lange Fußweg durch die recht gleichförmige, wenig spektakuläre Landschaft ist Manko und Vorteil zugleich: Er schreckt viele Besucher ab und sorgt so dafür, dass man am Strand nichts anderes hört als die Rufe der Seevögel, das Tosen der Wellen und das nie abreißende Pfeifen des Westwindes.

Zum **Baden** ist der Strand leider weniger geeignet. Nicht nur ist das Wasser in der Regel viel zu kalt, starke **Strömungen** machen das Schwimmen auch zu einem sehr gefährlichen Unterfangen. Nicht umsonst wird die Küste entlang des Strandes von den Wracks von Schiffen gesäumt, die im wild schäumenden Wasser auf Grund liefen. Zwar gibt es seit 1828 einen Leuchtturm über der Bucht, doch seinen Ruf als einer der wildesten und ungezähmtesten Strände Großbritanniens hat sich Sandwood Bay dennoch bis heute erhalten. Berichte von sich sonnenden **Meerjungfrauen** und geisterhaften **Seemännern,** die nichts ahnende Besucher zu Tode erschrecken, spiegeln die ungestüme Magie dieses Ortes wider.

Lassen Sie sich das nicht entgehen, nur weil der lange Fußweg Sie abschreckt. Jetzt, wo Sie wissen, was Sie erwartet, können Sie sich darauf einstellen und entsprechend vorbereiten. Es lohnt sich ganz sicher!

DIE 10 SCHÖNSTEN STRÄNDE SCHOTTLANDS

Luskentyre Beach: Alle Besucher dieses Traumstrands auf der Isle of Harris sind sich einig: Er ist fast zu schön, um wahr zu sein! Ein Glück, dass dieses fast karibisch anmutende Idyll hier oben im rauen schottischen Klima liegt, sonst wäre es garantiert vollkommen überfüllt!

Sandwood Bay: Einer der schönsten und zugleich abgelegensten Strände Großbritanniens. Der lange Fußweg vom Parkplatz (ca. sechs Kilometer) wird mit einer wilden Dünenlandschaft und einem weißen Traumstrand belohnt.

St. Ninian's Isle: Das Strandjuwel, das diese Shetlandinsel umgibt, könnte idyllischer kaum sein. Der silberne Sandstrand schmiegt sich an sanfte, grüne Hügel. Mit etwas Glück finden Sie einen alten Schatz im Sand, wie es 1958 einem Schuljungen gelang.

Sango Bay: Nördlicher als hier geht es auf dem schottischen Festland kaum! Durness ist altes Wikingerland, und die schroffen Klippen unterstreichen die wilde, ungestüme Seite dieses Fleckchens Erde. Sehenswert: Smoo Cave mit seinem 20 Meter hohen Wasserfall.

Traigh Mhor: So spektakulär war ein Strandbesuch noch nie! Diesen weißen Traumstrand auf der Isle of Barra erreicht man bei Ebbe mit kleinen Propellerflugzeugen ab Glasgow. Die nächste Flut verwischt dann alle Spuren wieder und hinterlässt eine makellose, weiße Idylle.

Loch Morlich: Dieser viel gelobte Strand liegt nicht am Meer, sondern etwa 40 Kilometer davon entfernt, in den

Cairngorm Mountains. Mit seinem goldenen Sand, der von Schatten spendenden Pinien gesäumt wird, muss er sich aber vor den Meeresstränden nicht verstecken. Ganz im Gegenteil!

Camusdarach: Südlich von Mallaig, an der Westküste Schottlands, gelegen, findet dieser weiße Sandstrand immer wieder seinen Weg auf die Toplisten schottischer Strände. Kein Wunder: Hier kann man wirklich die Seele baumeln lassen.

Sanna Beach: Dieses Idyll liegt am westlichsten Punkt des britischen Festlands, gut verborgen vor den Touristenmassen. Wenn Sie Glück haben, können Sie hier sogar Adler beobachten. Aber bereits der Ausblick auf die Inseln Rum, Eigg und Skye lohnt sich.

Kearvaig: Schon die Fahrt zum abgelegenen Cape Wrath ist ein Abenteuer, das sehr für einen Besuch an diesem Strand spricht. Die schroffen Felsformationen, die ihn umgeben, und die absolute Einsamkeit, die Sie am Ende des Fußweges erwartet, sind zusätzliche Gründe.

Vatersay Beach: Die unbewohnte Insel Vatersay ganz im Süden der Äußeren Hebriden ist noch fast unberührt vom Tourismus. Das sieht man auch diesem makellosen Traumstrand an, den Sie in den meisten Fällen ganz für sich allein haben.

32 ABENDS IST ES AM WASSER AM SCHÖNSTEN!

INSEKTEN, DIE DIREKT AUS DER HÖLLE KOMMEN

Mit knurrendem Magen müssen Franziska und ihre Eltern am Abend feststellen: Die Auswahlmöglichkeiten für das Abendessen halten sich hier oben leider in Grenzen. »Sie können entweder ins Kinlochbervie Hotel fahren oder ins Kinlochbervie Hotel«, sagt die Gastgeberin ihres *B&B* auf Nachfrage mit einem Augenzwinkern. »Die Speisekarte ist nicht besonders groß, aber man bekommt etwas in den Bauch und kann anschließend noch ein Pint mit den Einheimischen trinken.«

Nachdem der Hunger gestillt ist, steht den dreien der Sinn jedoch mehr nach Entdeckungen, und so folgen sie stattdessen einem Pfad hinunter ans Meer. Das schwindende Licht reicht gerade noch aus, um den Pfad zu erkennen. Doch nicht vor dem Stolpern in der Dunkelheit hat Franziska Angst, sondern vor dem, was auf dem Weg ans Wasser mit voller Wucht zuschlägt: *midges!* Sie hat von ihnen gehört und auf Skye auch schon welche gesehen, als sie abends an einem See saßen, aber diese Massen von winzigen Blutsaugern hat sie noch nicht erlebt. »Macht eure Jacken zu und setzt die Kapuzen auf!«, ruft sie ihren Eltern zu, die ebenfalls wild mit den Armen um sich schlagen. Einen Moment lang versuchen sie, die Insektenplage zu ignorieren und dennoch die Ruhe und den Ausblick auf das Meer zu genießen, doch die Viecher sind zu hartnäckig, als dass sie sich einfach ausblenden ließen.

»Los, weg hier!«, zischt Franziska ihren Eltern nach etwa zehn Minuten durch zusammengebissene Zähne hindurch zu. Wiederum wild um sich schlagend, kämpfen sie sich durch die Stechmückenschwärme zum Auto durch.

»Wartet!«, ruft der Vater, als Mutter und Tochter die Türen öffnen wollen. »Ich zähle bis drei, und dann alle ganz schnell rein. Eins, zwei, drei!« Als ginge es um ihr Leben, reißen die drei die Autotüren auf, schwingen sich auf die Sitze und schlagen die Türen wieder zu. Doch auch so sind sie nicht schnell genug: Die helle Decke des Wagens ist von schwarzen Punkten übersät, überall kitzelt und brennt es auf der Haut. »Wenn wir auf der Straße sind, öffnen wir alle gleichzeitig die Fenster«, sagt Franziskas Vater noch einmal im Tonfall eines Mannes, der weiß, was er tut. »Dann gebe ich Gas, und sie werden alle rausgesogen.« Und tatsächlich schaffen sie es, auf der kurzen Fahrt in die Unterkunft eine beträchtliche Anzahl der fiesen Plagegeister loszuwerden. Das gilt leider nicht für die brennenden und juckenden roten Flecken, die Arme, Beine, Hals, Nacken und Gesicht bedecken.

Als Franziska kurz darauf ihr Zimmer betritt und ihre Jacke über einen Stuhl wirft, fällt ihr eine Sprühflasche auf ihrem Nachtschränkchen auf: Avon Skin So Soft. Darunter klebt ein Post-it: *»Keeps midgies away«* steht in geschwungener Handschrift darauf – hält Stechmücken fern.

Midgies – die wahren Monster Schottlands

Abends noch am Strand oder am Ufer eines Sees sitzen, vielleicht eingehüllt in eine kuschelige Decke – das klingt wirklich wahnsinnig romantisch. Ist es in Schottland aber leider nicht! Den ganzen Sommer hindurch und bis in den frühen Herbst hinein werden Schottlands Küsten und Ufer nämlich von Biestern terrorisiert, die so winzig wie grausam sind. Wer sie einmal erlebt hat, den wird ihr Name für immer mit Schrecken erfüllen: *midges.* Das weit verbreitete »Kosewort« *midgies* verniedlicht und verharmlost, was sich dahinter verbirgt: fiese kleine **blutsaugende** Wesen, gerade einmal zwei Millimeter lang und mit zwei winzigen Flügeln ausgestattet. Innerhalb weniger Sekunden besetzen sie jeden Zentimeter Haut, den unachtsame Besucher ihnen darbieten, umschwirren und kitzeln sie. Und das sind nur die Männchen!

Wirklich gefährlich wird es, wenn **in den ersten Juniwochen** die Weibchen hinzukommen, denn diese kleinen Biester beißen! Anders als die Stechmücken, die wir kennen, verfügen die weiblichen *midgies* über ein scherenähnliches **Beißwerkzeug,** das sich tief in die Haut eingräbt und tatsächlich ein Stück davon herausschneidet. Aber auch das Weibchen will nur eines von uns: Sobald die Wunde zu bluten beginnt, formt die raffinierte Mücke aus ihrem Beißwerkzeug einen **Rüssel,** pumpt ihren mit **Histamin** versetzten Speichel hinein, stoppt so die **Blutgerinnung** und tut sich dann an unserem Blut gütlich. Ist sie schließlich satt oder ist es uns gelungen, sie zu vertreiben, reagiert die Haut mit einem nervenaufreibenden **Jucken** und hässlichen **roten Punkten**, die manchmal erst nach Tagen wieder verschwinden. Klingt wirklich alles andere als romantisch, oder?

SO SCHÜTZEN SIE SICH GEGEN DIE *HIGHLAND MIDGIES*

Es gibt ein paar Dinge, die Sie über *midgies* wissen sollten, wenn Sie sich vor Ihnen schützen wollen: *Highland midges (Culicoides impunctatus)* lieben es **warm, feucht und windstill,** und dicke **Wolkendecken** und **Nebel** sind ein fast sicheres Indiz dafür, dass sie versuchen werden, Ihnen den Tag zu ruinieren. Wenn es so richtig schön **schwül** ist, drehen *midgies* also noch einmal besonders auf.

Die *midge*-Saison dauert **von Mai bis weit in den September** hinein. In warmen, regnerischen Jahren werden die Highlands sogar noch Ende September von einer dritten Generation der winzigen Plagegeister heimgesucht.

Wer sich vor ihnen schützen möchte, sollte dieses Wissen nutzen und

- seinen Urlaub auf **April** oder den **späteren Herbst** legen. Auch in dieser Zeit ist Schottland wunderschön.

- an warmen, windstillen Tagen **feuchte Orte meiden**. Dazu zählen Moore, aber auch die Ufer von Seen und Flüssen sowie Strände.
- in der **Abenddämmerung einen Bogen um Gewässer machen,** auch wenn die Vorstellung vom Sonnenuntergang am Wasser noch so romantisch erscheint.
- **gut schließende Kleidung tragen,** die möglichst viele Körperpartien bedeckt und am besten möglichst hell ist.
- keine Orte besuchen, die zum betreffenden Zeitpunkt eine *midgie*-Plage erleben. Die **tagesaktuelle Vorhersage,** die Sie darüber informiert, wo die kleinen Biester gerade ihr Unwesen treiben, finden Sie auf smidgeup.com/midge-forecast/.
- ***midge*-Abwehrmittel** nutzen – dazu zählen, neben dem Geheimtipp der Bewohner der Isle of Islay, dem Pflegeprodukt Avon Skin So Soft, auch Smidge und Repel. Sie können aber auch einfach Autan einpacken.

Wenn Sie diese Tipps berücksichtigen, können Sie, allen *midgies* zum Trotz, einen schönen, erholsamen Urlaub im schottischen Sommer verbringen.

33 GOLF IST DOCH NUN WIRKLICH KEIN SPORT!

VON LÖCHERN, DIE DIE WELT BEDEUTEN

In den nächsten beiden Tagen lernt Franziska ein ganz neues Schottland kennen: Die hohen Berge der Highlands scheinen zur Nordküste hin regelrecht auszulaufen, statt ihrer erstrecken sich nun grüne Wiesen und Heidelandschaften zu beiden Seiten der Straße, scheinbar endlos bis zum Horizont. Am Ufer stürzen sie dann in dramatischen Klippen zum Meer ab, durchzogen von zahllosen Höhlen, die die Fantasie der Besucher anregen. Sie sind Schauplatz vieler abenteuerlicher Schmuggler- und Piratengeschichten, die hier allerorts mit großer Begeisterung erzählt werden. Hier und da gibt es kleine Siedlungen an der Küste, Ansammlungen geduckter Cottages, aber im Großen und Ganzen ist der Norden Schottlands menschenleer, ruhig, beschaulich – Balsam für die Seele. Nachdem sie bei John o'Groats am nordöstlichsten Punkt der Insel gestanden und zu den Orkneys hinübergeschaut haben, ändern Franziska und ihre Eltern den Kurs und fahren nach Süden, in Richtung Inverness. Die nördliche Ostküste, die nun vor ihnen liegt, ist – bis auf das Märchenschloss Dunrobin Castle und seine beeindruckenden Gärten – relativ unspektakulär. Je weiter sie gen Süden kommen, desto mehr Golfplätze fallen ihnen jedoch links und rechts der Straße auf. Es scheint, als sei Golfen die einzig sinnvolle Nutzungsmöglichkeit der endlosen grünen Weiten.

Zum Mittagessen machen sie an einem Hotel mit Pub an der Straße halt. Während sie mit je einer Portion *fish & chips* draußen auf Holzbänken in der Sonne sitzen, ziehen in einiger Entfernung zwei Golfer über das Grün und schlagen in aller Seelenruhe Bälle. Mit vollem Mund schüttelt der Vater langsam den Kopf, sieht auf seine Armbanduhr, schüttelt wieder den Kopf. »Wenn es wenigstens ein richtiger Sport wäre, würde ich ja verstehen, dass man am frühen Nachmittag unter der Woche dafür Zeit hat. Aber Golf?! Ist das überhaupt ein richtiger Sport? Man spaziert durch die Gegend und schwingt alle halbe Stunde mal den Schläger. Darf sich so was wirklich Sport nennen?«

Franziska betrachtet ihren Vater amüsiert und kaut gemächlich, während sie ihren Blick hinunter zu seinem beachtlichen Bauch wandern lässt. »Wobei Golf ja für dich perfekt wäre. Faul, wie du bist«, sagt sie schelmisch, und ihre Mutter prustet los, vollkommen überrascht von dieser plötzlichen Spitze.

In einer scherzhaft warnenden Geste hält der Vater seinen Zeigefinger vor Franziskas Gesicht. »Pass mal auf, Fräulein! Wenn ich mich jemals zum Sport aufraffe, dann wenigstens zu was Richtigem!« Und nach einer kurzen Pause fügt er schmunzelnd hinzu: »Wie Schach oder so.«

Dem *Home of Golf* angemessen Respekt zollen

Vorsicht mit spöttischen Äußerungen zum Thema Golf, wenn Sie sich in Hörweite von Einheimischen aufhalten! Wenn es um ihren geliebten Golfsport geht, verstehen die Schotten nämlich keinen Spaß. Golf ist hier eine todernste Angelegenheit. Kein Wunder, rühmt man sich doch damit, das **moderne Golfspiel** erfunden zu haben – auch wenn es darüber in der Fachwelt bis heute eifrige Diskussionen gibt und die Herkunft dieses Sports noch nicht abschließend geklärt werden konnte. Der Titel *Home of Golf* könnte nämlich im »schlimmsten« Fall auch an die Niederlande gehen, wo man im 13. Jahrhundert bereits ein ähnliches Spiel spielte. Dennoch platzen viele Schotten fast vor Stolz, wenn es um Golf *(»gowff«)* geht. Zollen Sie dem Sport – ob Sie ihn nun als solchen akzeptieren wollen oder nicht – deshalb unbedingt ausreichend Respekt und zeigen Sie im besten Fall sogar ein wenig Interesse.

Das gilt vor allem, wenn Sie **St. Andrews** besuchen. Kein anderer Ort der Welt ist so sehr mit dem Golfsport verbunden wie die Universitätsstadt an der schottischen

Ostküste. Hier kann man bis heute auf dem **ältesten Golfplatz der Welt** spielen: Der legendäre Old Course wurde bereits 1552 eröffnet und wird heute von vielen »Kathedrale des Golfs« genannt. Für Golfer aus aller Welt ist dieser Platz heilig; einmal hier zu spielen ist für viele ein Traum. Schmunzeln Sie deshalb nicht (allzu offensichtlich), wenn ein Golfer mit leuchtenden Augen von diesem Grün schwärmt, als würde es die Welt bedeuten.

Vielleicht lassen Sie sich sogar davon anstecken und probieren sich selbst einmal auf dem Golfplatz aus. Dafür müssen Sie kein Handicap vorweisen können, eine eigene Ausrüstung mitbringen oder auch nur das Geringste über Golf wissen. Auf **Anfängerplätzen** können Sie ganz in Ruhe schauen, ob das Golffieber vielleicht auch Sie packen könnte. St. Andrews ist der ideale Ort dafür: Der **St. Andrews Links Strathtyrum Course** beispielsweise erlaubt es auch Neulingen, auf (fast) heiligem Golfboden zu spielen – und das zu günstigen Preisen. Ebenfalls empfehlenswert für Anfänger, insbesondere dann, wenn Sie mit Kindern reisen, ist der **St. Andrews Links Balgrove Course.**

DIE GESCHICHTE DES GOLFSPORTS IN SCHOTTLAND

Die Ursprünge des Golfs liegen im Nebel der Vergangenheit. Wann und wo der Sport genau erfunden wurde, lässt sich heute nicht mehr sagen. Es gilt aber als gesichert, dass es in fast jeder Zivilisation ein Spiel gab, bei dem ein Ball mit einem Schläger in ein bestimmtes Ziel befördert werden musste.

1457 wird Golf in Schottland erstmals offiziell erwähnt – und zwar im *Act of Scottish Parliament,* in dem King James II. das Golfspielen verbot. Für ihn stellte der Sport eine nicht akzeptable Ablenkung vom Bogenschießen dar, das aus militärischen Gründen stattdessen trainiert werden sollte.

1552 eröffnete der Old Course in St. Andrews, der als ältester Golfplatz der Welt gilt und im Laufe der Zeit Schauplatz zahlreicher legendärer Spiele wurde.

1567 gab sich Maria Stuart verwerflicherweise dem sportlichen Vergnügen auf dem Golfplatz hin, das als »gänzlich ungeeignet für eine Frau« erachtet wurde, wie ihr ihre politischen Feinde vorwarfen – zumal ihr zweiter Ehemann soeben erst ermordet worden war und sie demnach wohl eigentlich Wichtigeres zu tun gehabt hätte.

1687 hielt der Medizinstudent Thomas Kincaid erstmals eine Anleitung zum Golfspielen schriftlich fest.

1744 veröffentlichte die *Company of Gentlemen Golfers* erstmals eine Regelsammlung für den Golfsport. Die sogenannten *Leith Rules* können heute in der National Library of Scotland eingesehen werden.

1843 fand ein geradezu legendäres Match zwischen Allan Robertson, Spross der angesehenen Ballmacherdynastie Robertson aus Aberdeen und der erste professionelle Golfer überhaupt, und Willie Dunn statt. Heute betrachtet man die Ära von Robertson und Dunn als das goldene Zeitalter des Golfsports in Schottland.

Im 18. und 19. Jahrhundert trat das Golfspiel im Zuge der Kolonialisierung seinen Siegeszug um die Welt an. So wurde zum Beispiel der erste Golfplatz auf afrikanischem Boden in den 1770er-Jahren von britischen Sklavenhändlern auf Bunce Island in Sierra Leone errichtet.

34 EINE GRUSELTOUR? ACH, WIE AUFREGEND!

GEISTERGESCHICHTEN MIT GÄNSEHAUTGARANTIE

Der kalte Januarwind pfeift durch jeden Winkel der Altstadt von Edinburgh, und Nebelschwaden legen sich bleiern um die kleine Gruppe frierender Menschen. Die warme Beleuchtung aus den Fenstern der Royal Mile ist so verlockend, dass Franziska und Tamara überlegen, vielleicht doch lieber nicht an der geplanten Gruseltour teilzunehmen. Es muss doch gemütlichere Wege geben, in ihr gemeinsames Winterabenteuer in Schottland zu starten. Eine heiße Schokolade in einem gemütlichen Pub – das klingt gerade viel besser als ein Spaziergang durch dunkle Gassen im kalten Dämmerlicht. Doch da taucht schon ein gut gelauntes Mädchen im historischen Kostüm auf und stellt sich im breiten schottischen

Akzent als Ana vor. Sie trägt einen schweren, dunkelbraunen Rock und darüber eine grobe Schürze. Über einen Wollpullover hat sie ein kariertes Plaid gelegt, das sie sich zum Schutz gegen die Kälte zusätzlich halb über den Kopf gezogen hat. Darunter blitzen rote Haare hervor. Ihre Sprache wirkt etwas veraltet, offensichtlich, um bei den Teilnehmern der Tour die Illusion einer Zeitreise zu erzeugen. Weil sie nun schon einmal da sind, beschließen Tamara und Franziska, zu bleiben. Bestätigt fühlen sie sich, als Ana ihnen als Abschluss der Tour *shortbread* und Whisky in Aussicht stellt. Whisky kann an so einem Tag schließlich nicht schaden.

Der Beginn der Tour ist informativ: Sie erfahren, wie die Altstadt rings um das Castle entstanden ist, hören von Hexenjagden und öffentlichen Hinrichtungen, von berüchtigten Mördern und skrupellosen Räubern und tauchen ab in die Abgründe der schottischen Hauptstadt. Franziskas Herz, das inzwischen voll und ganz für die schottische Geschichte schlägt, bekommt, was es begehrt, und auch Tamara fühlt sich von den eingestreuten Geistergeschichten und dunklen Legenden aus Edinburghs Vergangenheit gut unterhalten. Gelegentliche Gänsehautschauer wiegen die beiden Freundinnen in Sicherheit; sie glauben, gruseliger würde es nun nicht mehr werden, und lassen sich zufrieden berieseln. Ohne zu zögern betreten sie das Foltermuseum am Ende der South Bridge und von dort aus auch die Untergrundwelt der Edinburgh Vaults – und meinen schon, den Whisky am Ende des Tunnels zu sehen. Doch dann wird ihnen klar, dass Ana gerade erst angefangen hat, die Geister der Vergangenheit heraufzubeschwören, und dass sie in ihren Geschichten dramaturgisch auf ein großes Finale hinarbeitet. In den dunklen Gängen, die nur schwach beleuchtet sind, klingen die Erzählungen plötzlich bedrohlicher, und als die Gruppe schließlich einen dunklen Raum betritt, in dem es infolge eines Wasserschadens keinen Strom gibt, beschleicht die Mädchen plötzlich eine dunkle Ahnung. Nach und nach verstummen das Gelächter und die Scherze in der Gruppe. Aus gutem Grund!

Keine zehn Minuten später stehen Tamara und Franziska hysterisch lachend im trüben Zwielicht des Januarnachmittags und blinzeln, weil ihnen das Licht einer Laterne plötzlich viel zu hell erscheint. In den Händen halten sie je ein winziges Glas Whisky und ein Stück *shortbread,* das Franziska umklammert, als hinge ihr Leben davon ab. »Meine Knie zittern so sehr, ich habe Angst, dass ich umfalle«, stößt sie zwischen zwei Lachern hervor. Mit Unbehagen schaut sie zurück in den Tunnel der Edinburgh Vaults, aus dem sie eben erst herausgeklettert sind, und lässt ihren Blick dann über die anderen Teilnehmer schweifen, die ebenfalls vollkommen aufgelöst und aufgekratzt sind. An zweien von ihnen hat sie sich eben noch schreiend festgeklammert, an wem genau, kann sie jedoch nicht mehr sagen.

»Vielleicht sollten wir uns noch etwas hiervon besorgen«, schlägt Tamara vor und stürzt den Rest ihres Whiskys hinunter.

»Absolut!«, stimmt Franziska zu, und eingehakt kehren die beiden mit jedem Schritt in Richtung Royal Mile etwas mehr in die quirlige Gegenwart Schottlands zurück.

Schaurige Geschichten in der Altstadt von Edinburgh

Vorsicht vor Gruseltouren in Edinburgh – manche von ihnen sind tatsächlich nichts für Zartbesaitete! Schneller, als einem lieb ist, hat man sich auf diese Weise ein Abo für Albträume gesichert, das einen den ganzen Urlaub über beschäftigt hält – und gegebenenfalls auch darüber hinaus ... Denn was man hier zu hören bekommt, hat es zum Teil wirklich in sich. Kein Wunder: Edinburgh hat eine **dunkle, grausige Vergangenheit,** die es den Tourveranstaltern leicht macht, aus den Vollen zu schöpfen. Mit geschickten **Inszenierungen** und **schaurigen Andeutungen** ist es fast ein Kinderspiel, dem gruselwilligen Publikum die Haare zu Berge stehen zu lassen – manch einem vielleicht mehr, als ihm lieb ist.

Es kann deshalb eine gute Idee sein, vorab Nutzerbewertungen auf den Websites der Touren zu lesen, bevor man sich für eine entscheidet. Wer zum Beispiel weiß, dass brutale Gewaltexzesse nicht zu den Dingen gehören, die er gut verkraftet, sollte um sämtliche Touren, die dem **Foltermuseum** einen Besuch abstatten, lieber einen großen Bogen machen. Doch nicht immer trifft einen auf den Touren der Horror mit dem ganz großen Hammer: Den echten Adrenalinkick liefern die Programme, die das Thema subtiler angehen. Sie rühren geschickt an unseren Urängsten, indem sie menschliche Schattenseiten aufdecken und zeigen, wozu auch unscheinbare Mitmenschen mitunter fähig sind. Hier sieht man oft nicht kommen, was einem anschließend den Schlaf rauben wird.

Das funktioniert besonders gut, wenn es schaurige Geschichten über die Edinburgh Vaults sind, die aus den Archiven der Vergangenheit ausgegraben und direkt am Schauplatz stimmungsvoll erzählt werden. Die verlassenen Gänge unter der South Bridge haben eine düstere, tragische Vergangenheit, und es mangelt wahrlich nicht an Geschichten über sie, die uns das Blut in den Adern gefrieren lassen. Ergänzt man diese ohnehin schon explosive Mischung noch um einen talentierten Guide, der weiß, wie man **Gruselgeschichten** erzählt, und einige wenige effektvolle Inszenierungen, hat man alle Zutaten für den perfekten Albtraum beisammen. Hier merkt man wieder, dass das Geschichtenerzählen vielen Schotten einfach im Blut liegt.

Natürlich gilt das nicht für alle Touren – man kann auch Pech haben und bei einer Tour landen, die überhaupt keine Stimmung vermittelt. Aber dann tut die Stadt mit ihrem mystischen Charme, ihren dunklen, nebligen Gassen und den uralten Gemäuern immer noch alles, um Ihnen wenigstens den einen oder anderen Gänsehautschauer über den Rücken zu jagen.

DIE GESCHICHTE DER EDINBURGH VAULTS

Als die Edinburgh Vaults unter der **South Bridge** Ende des 18. Jahrhunderts fertiggestellt wurden, ahnte wohl niemand, dass sie in ferner Zukunft Besuchern schlaflose Nächte bereiten würden. Ihr Zweck war ein ganz praktischer und vollkommen harmlos: Sie sollten lokalen Handwerkern als **Werkstätten** und **Lagerräume** dienen. Auch Gastwirte und Händler nutzten die Gewölbe, um dort ihre Ware unterzubringen. Doch schon bald zeigte sich, dass die Gänge unterhalb der South Bridge dafür nur bedingt geeignet waren: Um die Arbeiten möglichst schnell abschließen zu können, hatte man nämlich darauf verzichtet, die Außenwände wasserdicht zu versiegeln, und so war es nur eine Frage der Zeit, bis Wasser eindrang.

Schon sieben Jahre nach ihrer Fertigstellung waren die Vaults deshalb bereits wieder verlassen – ein Glücksfall für die **Obdachlosen und Kriminellen** der Stadt, die hier nun Unterschlupf fanden, möchte man meinen. Allerdings entwickelten sich die Gewölbe innerhalb kürzester Zeit zu einem **Slum** mit unerträglichen Lebensbedingungen. Viel zu viele Menschen hausten hier auf viel zu engem Raum ohne Licht und ohne frische Luft. Es war feucht und kalt, die hygienischen Bedingungen waren katastrophal. **Krankheiten** breiteten sich rasend schnell aus, und wer ihnen nicht erlag, fiel früher oder später einem **Verbrechen** zum Opfer. Und so ist es kein Wunder, dass die Gänge unter der South Bridge bis heute von zahllosen **Geistern** heimgesucht werden sollen.

Irgendwann in der Mitte des 19. Jahrhunderts wurden die Edinburgh Vaults deshalb endgültig geschlossen und sämtliche Zugänge mit vielen Tonnen Schutt versperrt, um zu verhindern, dass sich dort wieder Menschen einnisteten. Erst 1980 fand der schottische Rugbynationalspieler Norrie Rowan einen Tunnel in die Vaults und sorgte damit für eine **Wiederentdeckung** des grausigen Schauplatzes. Ein gefundenes Fressen für alle, die noch tiefer in die schaurige Geschichte Edinburghs abtauchen wollten – und für Touranbieter jeglicher Art, die hier unten genau die richtige Atmosphäre vorfanden, um schreckhafte Touristen das Fürchten zu lehren.

35 SCHOTTLAND IST DOCH WIRKLICH KEIN ZIEL FÜR DEN WINTER!

PISTEN UND *BACK-COUNTRY* IN DEN HIGHLANDS

Am nächsten Tag sitzen Franziska und Tamara, in dicke Pullover gekuschelt, im Mietwagen und singen lauthals die Songs ihrer gemeinsamen Lieblingsplaylist mit, während Franziska das Auto über die regennasse M9 in Richtung Norden lenkt. Ihr Ziel: das Glencoe Mountain Resort. Als Franziska bemerkt, dass sie schon seit zwei Liedern allein singt, schaut sie zu ihrer Freundin hinüber, die missmutig aus dem Fenster starrt. Draußen zieht die flache Landschaft grau und öde dahin. Kein Anzeichen von Schnee – das sieht nicht besonders vielversprechend aus.

»Was ist los?«, fragt Franziska, die diesen Gesichtsausdruck bei Tamara nur zu gut kennt.

»Ich denke nur daran, wie schön wir jetzt in den Alpen Ski fahren könnten«, antwortet Tamara mit einem unüberhörbaren Vorwurf in der Stimme.

Kein Wunder, denn bereits am Telefon hatten die beiden Mädchen stundenlang darüber diskutiert, ob Franziska nach Weihnachten noch eine Woche in der Heimat einplanen sollte, sodass sie mit Freunden in die Alpen fahren und die ersten Abfahrten der Saison absolvieren könnte, oder ob Tamara sich noch einmal auf den Weg nach Schottland machen sollte. Franziska hatte schließlich gewonnen: Ihr Argument, die Alpen könnten sie jederzeit besuchen, hatte Tamara irgendwann davon überzeugt, einen weiteren Flug nach Schottland zu buchen. Nun sieht es jedoch danach aus, als würde sie diese Entscheidung bereits bereuen.

»Komm schon, gib Schottland eine Chance«, sagt Franziska, die noch nicht bereit ist, sich von der Stimmung ihrer Freundin die gute Laune verderben zu lassen.

»Aber wer fährt denn zum Skifahren nach Schottland? Kein Mensch macht so was!«, jammert Tamara und lässt missmutig ihren Kopf gegen die Scheibe sinken.

Franziska muss ihr recht geben: Keiner ihrer Freunde hat so etwas jemals gemacht, obwohl die meisten von ihnen bereits Ski und Snowboard fahren konnten, bevor sie laufen konnten. Sie schweigt und hofft, dass das Resort im Glen Coe wenigstens gemütlich genug ist. Auf Après-Ski-Partys setzt sie keine besonders großen Hoffnungen, aber der größte Freund dieser Events ist sie ohnehin nicht. Ganz im Gegensatz zu ihrer Freundin, die begonnen hat, gelangweilt durch ihren Instagram-Feed zu scrollen.

Zu Franziskas Erleichterung tauchen hinter Dunblane die ersten Berge auf, und als sie in den Loch Lomond & The Trossachs Nationalpark hineinfahren, setzt leichter Schneefall ein. Auf den Straßen bleiben die Flocken zwar noch nicht liegen, aber durch die Bäume hindurch kann Franziska bereits schneebedeckte Gipfel entdecken und schöpft Hoffnung. Als sie bei Strathyre einen kurzen Stopp einlegen, gelingt es Franziska sogar, einen Schneeball zu formen und ihre Freundin damit eiskalt am Rücken zu erwischen. Deren Lebensgeister kehren ganz plötzlich zurück, und ehe sie sichs versehen, jagen die Mädchen einander um das Auto, bis sich Franziska wieder auf den Fahrersitz flüchtet und die beiden mit geröteten Wangen ihre Fahrt fortsetzen.

Den Winterurlaub in Schottland verbringen

Es ist ein Fehler, zu glauben, Schottland sei nur ein Reiseziel für den Sommer. Wer es dazu degradiert, spricht diesem Land eine seiner faszinierendsten Seiten ab. Die unter dem Schnee verborgenen Highlands muten sanfter, idyllischer an als im Sommer, wenn sie ihre raue, kantige, schroffe Seite offenbaren. Doch der Schnee tarnt nur das, was **ambitionierte Wintersportler** hier erwarten können. Obwohl die Berge bei Weitem nicht so hoch und so spektakulär sind wie in den Alpen, fehlt es wirklich nicht an Herausforderungen.

Da ist für jeden Anspruch und jeden Schwierigkeitsgrad etwas dabei. Man kann in den **Cairngorms** gemütlich mit der ganzen Familie die Pisten hinunterwedeln und dabei den Ausblick auf die Highlands genießen – oder sich beim ***back-country skiing*** in das Abenteuer seines Lebens stürzen. Denn ***off-piste*** ist der Bereich, in dem es für Wintersportler in Schottland wirklich interessant wird. Guten Zugang dazu finden anspruchsvolle Skifahrer und Snowboarder vor allem in der **Nevis Range** oder in **Glencoe.** Doch auch hier gilt wieder: Die Highlands sollten niemals unterschätzt werden! Wer sich nicht auskennt, sollte unbedingt einen Guide buchen.

Schneesicherheit ist natürlich ein entscheidender Faktor für einen gelungenen Winterurlaub, und die kann es in Großbritannien niemals geben. In den letzten Jahren haben sich die Schneebedingungen aber deutlich verbessert. Vor allem zum Ende der Saison, **zwischen Februar und April,** gibt es immer wieder herrliche Bedingungen zum Skifahren und Snowboarden – auf und abseits der Pisten. Beste Chancen dafür haben Sie im **Cairngorm Mountain Resort.** Vermeiden Sie dann aber in jedem Fall die Ferienzeit im Februar, wenn sich die Einheimischen auf die Hänge stürzen.

DIE 5 SKIGEBIETE SCHOTTLANDS

Glencoe Mountain Resort – das landschaftlich schönste Skigebiet Schottlands wartet mit vielen steilen Abfahrten auf. Unter der Woche hat man die spektakulären Pisten sogar fast für sich allein. Schneesicherheit ist allerdings nicht immer gegeben, sodass man ein bisschen flexibel sein muss. Wenn aber Schnee liegt, ist das Resort fast unschlagbar! On top bietet Glencoe erfahrenen *off-piste*-Fahrern Zugang zum aufregenden *back-country*.

Cairngorm Mountain Resort – das schneesicherste Skigebiet Schottlands. Hier fällt mehr Schnee als überall sonst im Land, er bleibt länger liegen und sorgt für traumhafte Abfahrten. Vor allem während der Winterferien, im Februar, ist das Resort jedoch sehr gut besucht. Die Gondelbahn kann die Menschenmassen zwar ganz gut bewältigen, wer kann, sollte aber im März oder April fahren. Auch dann sind die Bedingungen in der Regel noch ideal.

The Lecht Ski Centre – das familienfreundlichste Skigebiet Schottlands ist ideal für alle, die es etwas ruhiger angehen und schöne Tage mit ihren Kindern verbringen wollen. Auch Anfänger kommen hier auf ihre Kosten. Unweit des Cairngorm Mountain Resort gelegen, ist es selbst in der Hochsaison weniger gut besucht als der große Nachbar, sodass man hier, trotz der kürzeren Pisten, tatsächlich mehr Zeit auf den Brettern verbringt. Am besten sind die Bedingungen zwischen Januar und März.

Nevis Range Mountain Resort – ambitioniertes Skifahren an den Hängen rund um den höchsten Berg Großbritanniens. Menschenmassen werden Sie hier kaum finden, denn das Terrain in dieser dramatischen Landschaft ist wirklich anspruchsvoll. Ideal für einen Ausflug ins *back-country* für das eine oder andere *off-piste*-Abenteuer. Die beste Zeit dafür ist üblicherweise Februar bis März.

Glenshee Ski Centre – das östlichste Skigebiet Schottlands, in Perthshire gelegen, ist zugleich eines der größten. Viele verschiedene Abfahrten und variantenreiche Pisten sorgen dafür, dass es immer gut besucht ist. Die Wetterbedingungen sind im Januar oft am besten, aber auch im Frühjahr kann man hier noch unvergessliche Pistentage erleben.

36 DAS WAR JETZT ABER WIRKLICH DER LETZTE URLAUB HIER!

DIE EWIGE SEHNSUCHT NACH SCHOTTLAND

Drei Tage lang haben Franziska und Tamara sämtliche Abfahrten des Skigebiets von Glencoe unsicher gemacht, heute sogar begleitet von Paul, der am liebsten abseits der regulären Pisten durch den Tiefschnee fährt und die abenteuerlustige Tamara für ein paar Stunden in sein Revier mitgenommen hat. Nun sitzen sie alle drei mit roten Wangen und zerzausten Haaren in einem Pub und beobachten das Schneetreiben, das sich im Lichtkegel vor dem Fenster abzeichnet. Dahinter liegen die Berge in tiefste Dunkelheit gehüllt. In den Händen halten sie jeweils ein Glas Whisky, an dem sie immer wieder andächtig nippen.

»Weißt du, Paul, das Zeug ist gar nicht so übel«, sagt Franziska nach einem erneuten Schluck.

Paul grinst, als hätte er schon immer geahnt, dass Franziska irgendwann auf den Geschmack kommen würde, und nickt feierlich. »Gut, dass du deinen Fehler einsiehst«, sagt er und hält ihr sein Glas zum Anstoßen entgegen. Sie lässt ihr Glas gegen seines klirren und sieht dann wieder aus dem Fenster.

»Das wird mir fehlen«, seufzt sie.

»Du hast doch noch zwei Monate Zeit, bevor du wieder nach Hause fährst.«

»Ja, schon. Aber das hier ist auch mein Zuhause geworden, und ich will gar nicht wieder weg«, antwortet sie in quengeligem Tonfall und lässt den Kopf auf die Tischplatte sinken.

Tamara lacht und legt ihr einen Arm um die Schultern. »Warte erst mal ab, bis du wieder in der Heimat bist. Dann willst du bestimmt gar nicht mehr mit ein paar Wilden im schottischen Hinterland rumhängen.« Sie streckt Paul die Zunge raus. Anscheinend haben die beiden heute einen lustigen Tag zusammen verbracht und sich gut verstanden. Tamaras kumpelhafte Neckerei ist der beste Beweis dafür.

»Pah! Jetzt kommt der Frühling – die beste Zeit in den Highlands! Die letzten Monate werden wie im Flug vergehen.« Paul wendet sich Tamara zu. »Und du solltest auch noch mal wiederkommen. Ich kenne da eine Abfahrt, die könnte etwas für dich sein. Im März vielleicht?«

»Nein, danke«, lacht Tamara. »Ich glaube, das war jetzt erst mal genug Schottland für mich. Ich freue mich schon auf meine Alpen zu Hause.«

Als könne sie es nicht erwarten, dorthin zurückzukehren, steht sie auf, streckt sich und verschwindet in Richtung der Zimmer, die hinter dem Pub liegen. Paul grinst seine Mitbewohnerin verschwörerisch an.

»Die kommt wieder!«

»Woher weißt du das?«, fragt Franziska schon ein bisschen schläfrig, während sie ein Gähnen unterdrückt.

»Weil sie alle wiederkommen. Wer einmal in Schottland war, der kommt immer wieder. Das ist einfach so.«

»Das befürchte ich auch«, antwortet Franziska mit einem ergebenen Lächeln. Sie setzt ihr Glas Whisky an die Lippen, lässt den Rest der goldenen Flüssigkeit über ihre Zunge laufen, schließt die Augen und seufzt wohlig.

Geben Sie es zu: Das Schottlandfieber hat auch Sie erwischt!

Selbst wenn der Urlaub in Schottland zu Ende ist, ist man nicht davor gefeit, Fehler zu machen. Nämlich dann, wenn man glaubt, **alles gesehen zu haben** und Schottland deshalb abhaken zu können. Die Wahrheit ist: Mit diesem Land ist man niemals fertig! Erstens deshalb, weil es so viele unterschiedliche, wunderschöne Facetten hat, dass man gar nicht müde werden kann, sie zu erkunden. Und zweitens deshalb, weil Schottland seine Spuren im Herzen der Besucher hinterlässt. Kaum ist man weg, macht sich eine **Sehnsucht** breit, die sich an keinem anderen Ort der Welt stillen lässt. Sie wird zum ständigen Wegbegleiter, und man gewöhnt sich sogar ein wenig an sie, aber sie führt unweigerlich dazu, dass man irgendwann – in nicht allzu ferner Zukunft – damit beginnt, Pläne für einen weiteren Schottlandurlaub zu schmieden.

Wundern Sie sich nicht, wenn Freunde, Bekannte und Verwandte leicht genervt fragen: »Schon wieder Schottland?« Ja, man wird denken, Sie seien einfallslos. Man wird sich fragen, warum es ausgerechnet immer wieder dieses neblige, kühle Land sein muss, wo es doch auf diesem Planeten wirklich genügend andere aufregende Ziele gibt – an denen sogar mit ziemlicher Sicherheit die Sonne scheint –, und ob womöglich mit Ihnen etwas nicht stimmt. Dem müssen Sie zwar keine Beachtung schenken, aber ja: Mit Ihnen stimmt tatsächlich etwas nicht! Sie haben sich mit dem **Schottlandfieber** infiziert.

Doch Sie können beruhigt sein, denn Sie sind damit wirklich nicht allein. Diese Welt ist voll von Menschen, die von einem **unstillbaren Verlangen** immer wieder nach Schottland zurückgetrieben werden. Menschen, die ihre Wohnung mit Postern und großformatigen Bildkalendern von Schottland pflastern und in deren Bücherregalen mehr Reiseführer und Bildbände über Schottland stehen als andere Bücher. Menschen, die im Auto heimlich schottische Folklore hören und Verabredungen absagen, wenn Dokumentationen über Schottland im Fernsehen laufen. Daran ist wirklich nichts Verwerfliches. Lassen Sie es zu – und kommen Sie wieder! Denn ein Leben ohne Schottlandurlaub ist zwar möglich, aber sinnlos.

5 TIPPS FÜR EINEN ZWEITEN, GANZ ANDEREN URLAUB IN SCHOTTLAND

1. **Besuchen Sie die Inseln:** Wenn Sie die Highlands ausgiebig erkundet haben und nach Neuem hungern, sind Sie auf den Äußeren Hebriden und den Orkneys

richtig. Hier ist Schottland weniger überlaufen, ursprünglicher, wilder und rauer. Uralte Kultstätten sorgen für zusätzliche Magie.

2. **Laufen Sie auf einem Fernwanderweg:** In Schottland gibt es mehrere Möglichkeiten, tage- und wochenlang zu Fuß unterwegs zu sein. Der bekannteste Fernwanderweg ist sicher der West Highland Way von Glasgow nach Fort William (151 Kilometer, etwa acht Tage). Spannend sind aber auch seine Verlängerung, der Great Glen Way zwischen Fort William und Inverness (125 Kilometer, etwa sieben Tage), der West Island Way (45 Kilometer, etwa zwei Tage) oder der John Muir Way von Helensburgh nach Dunbar (215 Kilometer, etwa zehn Tage).

3. **Machen Sie eine Destillerien-Rundreise:** Ideal für alle, die die vielen Facetten des Whiskys kennenlernen wollen. In der Speyside wartet jeden Tag eine neue Köstlichkeit auf Sie, und auch auf der Isle of Islay gibt es mehr als genug Destillerien, um einen ganzen Urlaub mit Verkostungen zu füllen. Zwischendurch dürfen Sie natürlich auch die Landschaft bestaunen.

4. **Buchen Sie einen Workshop:** Lernen Sie im Urlaub ein traditionelles schottisches Handwerk. Versuchen Sie zum Beispiel, Whisky zu destillieren, und nehmen Sie Ihr eigenes Fläschchen mit nach Hause, scheren Sie eigenhändig Schafe und spinnen Sie aus der Wolle Stoffe, produzieren Sie Seife selbst, lernen Sie weben, töpfern Sie oder stapfen Sie mit einem Profifotografen durch die Highlands und erlernen Sie von ihm die Kunst der Landschaftsfotografie. Es gibt viele Möglichkeiten, kreativ

zu sein. Auch ein Dudelsackworkshop kann spannend sein – auch wenn es Jahre dauert, diese Kunst wirklich zu erlernen.

5. **Erleben Sie ein echtes Abenteuer:** Die schottische Wildnis bietet ausreichend Gelegenheit für Adrenalinkicks jeglicher Art. Unterschiedliche Anbieter nehmen Sie zu einem mehrtägigen Erlebnis mit hinaus in die Natur – *bungee jumping, white water rafting, cliff jumping, canyoning* und *gin tasting* inklusive.

ANHANG

10 DINGE, DIE MAN IN SCHOTTLAND GETAN HABEN MUSS

1. **Genießen Sie die schottische Gastfreundschaft in vollen Zügen.** Die Schotten sind ein ungemein gastfreundliches Volk. Sie genießen es, Gäste willkommen zu heißen und zu teilen, was sie haben. Nehmen Sie es an und zeigen Sie sich aufrichtig dankbar.

2. **Halten Sie nach Nessie Ausschau und glauben Sie an Wunder.** Ungeheuer, Kobolde, Feen und Elfen machen einen wichtigen Teil der Magie von Schottland aus. Lassen Sie sich von geheimnisvollen Orten und alten Legenden zum Träumen inspirieren.

3. **Verkosten Sie Whisky da, wo er hergestellt wird.** Ein Whisky ist immer auch ein Spiegel des Ortes, an dem er destilliert wird. Er spiegelt die Seele und den Charakter seiner Herkunft wider. Das sollten Sie sich nicht entgehen lassen.

4. **Überwinden Sie Ihre Vorurteile und probieren Sie *haggis*.** Die Zutaten mögen zunächst nicht besonders verlockend klingen, doch auch wir in Deutschland essen Innereien. Wenn keine ethischen oder gesundheitlichen Gründe dagegensprechen: Probieren Sie mal eine Portion!

5. **Unternehmen Sie bei schlechtem Wetter einen Ausflug.** Schottland bei strahlendem Sonnenschein kann ja jeder! Aber Nebel, Nieselregen, Wind und dicke Wolken verleihen jedem Ausflug eine besondere Mystik. Verpassen Sie das auf keinen Fall!

6. **Erleben Sie die Freude des Fahrens auf der linken Straßenseite.** Es ist zunächst etwas gewöhnungsbedürftig, aber das Fahren auf der linken Straßenseite macht schnell sehr viel Spaß – vor allem auf den kurvigen Straßen in den Bergen.

7. **Besuchen Sie ein *ceilidh* und lauschen Sie der gälischen Sprache.** Das Gälische hat einen unvergleichlichen Klang – zugleich exotisch und uralt. Lauschen Sie Liedern und Geschichten aus der Vergangenheit, auch wenn Sie kein Wort davon verstehen.

8. **Erkunden Sie die Inseln jenseits der Isle of Skye.** Die Isle of Skye wird seit Jahren von Touristen geradezu überrannt. Dabei hat Schottland noch 790 weitere Inseln zu bieten – eine schöner als die andere. Geben Sie auch ihnen eine Chance.

9. **Fahren Sie in den Winterurlaub nach Schottland.** Es mag nicht die nächstliegende Wahl sein, aber tatsächlich hat Schottland Wintersportlern einiges zu bieten. Wenn man weiß, wo man hinfahren muss, kann man hier unvergessliche Abenteuer im Schnee erleben.

10. **Geben Sie eine Runde im Pub aus.** Die Schotten sind ein geselliges Volk. Kein Wunder, dass es üblich ist, Drinks rundenweise zu bestellen, anstatt dass jeder sein Getränk bezahlt. Es wäre nicht nur unhöflich, dabei nicht mitzumachen, Sie verpassen auch einen schönen Moment.

ANHANG

10 HANDLUNGEN, MIT DENEN MAN SICH IN JEDEM FALL BLAMIERT

1. **Sie nennen einen Schotten »Engländer«.** Schottland ist ein eigenständiges Land innerhalb des Vereinigten Königreichs von Großbritannien. Einen Schotten »Engländer« zu nennen, ist deshalb nicht nur inhaltlich falsch, sondern ignoriert auch den langen Kampf um Unabhängigkeit, den das Land seit Jahrhunderten ausficht.

2. **Sie unterstellen einem Schotten, er sei geizig.** Es mag das gängigste Vorurteil sein, aber Schotten sind alles andere als geizig. Sie sind ein sehr großzügiges Volk, das seinen Besitz zusammenhält, um auch in der Not noch teilen zu können.

3. **Sie sind unhöflich.** Unhöflichkeit hat in Schottland viele Facetten. Das kann zum Beispiel sein, dass Sie – nur aus Prinzip – etwas ablehnen, was ein Schotte Ihnen großzügig anbietet, dass Sie vergessen, im Pub eine

Runde auszugeben, oder dass Sie die Privatsphäre Ihres Gegenübers ignorieren.

4. **Sie nehmen sich den schottischen Humor zu Herzen.** Bei schottischem Humor sind die Grenzen zur Geschmacklosigkeit fließend. Er ist nie harmlos, sondern oft brutal, respektlos und sehr direkt. Sie sollten es aber unterlassen, den Schotten deshalb Böswilligkeit zu unterstellen.

5. **Sie zollen der schottischen Geschichte keinen Respekt.** In Schottland ist die Geschichte noch überall lebendig. Die Zeugnisse der Vergangenheit werden hingebungsvoll gepflegt und spielen auch im Alltag eine große Rolle. Treten Sie sie nicht mit Füßen.

6. **Sie mischen Ihren Whisky mit Cola.** Hinter jedem Glas Whisky steckt eine Menge Handwerkskunst und Liebe. Geben Sie dem »Wasser des Lebens« deshalb immer die Chance, seinen vollen Geschmack zu entfalten, anstatt ihn mit Cola abzutöten.

7. **Sie glauben, Sie könnten ein komplettes *full Scottish breakfast* aufessen.** Das schottische Frühstück ist der kulinarische Endgegner: Eine vollständige Portion ist von einem normalen Esser im Prinzip nicht zu schaffen. Picken Sie sich beim Bestellen lieber einzelne Bestandteile heraus.

8. **Sie bestellen einen *deep-fried Mars bar*.** Der *deep-fried Mars bar* ist ein Relikt aus einer wirtschaftlich sehr

schwierigen Zeit in Schottland – und nichts, worauf die meisten Schotten sonderlich stolz sind. Indem Sie den Snack probieren, schaden Sie nicht nur Ihrer Gesundheit, Sie tragen auch dazu bei, dass er weiterhin angeboten wird, und outen sich sofort als Tourist.

9. **Sie vergessen, Kleidung für jedes Wetter und jede Jahreszeit einzupacken.** Es ist vollkommen egal, in welchem Monat Sie nach Schottland reisen. Sie müssen immer damit rechnen, dass es plötzlich brütend heiß oder eiskalt wird, dass es gar nicht aufhört zu regnen oder sogar anfängt zu schneien.

10. **Sie unterschätzen die Highlands.** Die Berge der Highlands mögen nicht so hoch sein wie beispielsweise die Alpen. Sie sind jedoch wild und unberechenbar. Wenn Sie dort unterwegs sein wollen, sollten Sie deshalb einige Vorsichtsmaßnahmen beachten.

ANHANG

GLOSSAR

Ale	Obergäriges Bier, das aus gemälzter Gerste hergestellt wird. In Großbritannien wird der Begriff häufig als Synonym für Bier gebraucht. Die bekanntesten *ale*-Sorten sind *pale ale* und *India pale ale,* die in der gegenwärtigen *craft-beer*-Welle eine regelrechte Blütezeit erleben.
Bed and Breakfast (B&B)	Typisch britische Frühstückspension und die schönste Art, in Schottland zu übernachten. Angeboten werden, wie der Name schon sagt, Bett und Frühstück. Alle anderen Mahlzeiten besorgt man sich außer Haus; *tea and coffee making facilities* stehen jedoch in der Regel in den Zimmern zur Verfügung. Oft sind *B&Bs* in die Wohnhäuser der Gastgeber integriert, sodass die gastfreundlichen Schotten ihr Heim im wahrsten Sinne des Wortes auch zu Ihrem Heim machen.
Buy 1, get 1 free	Verkaufsstrategie, die in Schottland überall gang und gäbe ist. Man kauft zwei Stück zum Preis von einem. Dadurch werden Kunden häufig dazu verleitet, mehr zu kaufen, als sie wirklich brauchen. Oft wird der Preis für das einzelne Produkt dadurch auch höher, als er ursprünglich gewesen wäre, wie Verbraucherschützer kritisieren.
Clotted cream	Dicker Rahm, der zum Tee sowie zu *scones* und Gebäck jeglicher Art serviert wird. Er wird aus Kuhmilch hergestellt, die nach dem Erhitzen mehrere Stunden lang stehen bleibt, sodass sich der Rahm in dicken Schichten absetzen kann. *Clotted cream* ähnelt eher Mascarpone als unserer Schlagsahne.

Cottage	Kleines, altes Häuschen, das typisch für das ländliche Schottland ist. Cottages sind beliebte Ferienhäuser, weil sie häufig traditionell mit Strohdächern, Fachwerk oder Natursteinen erbaut worden sind und deshalb besonders idyllisch anmuten.
Culloden	Schauplatz der Schicksalsschlacht vom 16. April 1746. Auf dem Culloden Moor, in der Nähe von Inverness, trafen die Jakobiten unter Prince Charles Edward Stuart auf die Regierungstruppen unter dem Herzog von Cumberland. Die erschöpften, schlecht ausgerüsteten jakobitischen Rebellen erlitten innerhalb weniger Minuten eine vernichtende Niederlage. Mehr als 1.200 von ihnen starben, viele wurden verwundet oder gefangen genommen. In den folgenden Monaten gingen Cumberlands Truppen mit voller Härte gegen die schottische Bevölkerung vor. Anschließend wurden Kilt und *tartan* verboten, das traditionelle Clansystem wurde weitgehend zerstört.
Dudelsack	Traditionelles Holzblasinstrument, das eine zentrale Rolle in der schottischen Kultur spielt. Es kommt – einzeln oder in der Gruppe – in der schottischen Volksmusik, aber auch bei Militärparaden und dem Zapfenstreich zum Einsatz. Exzellente Dudelsackmusik hört man unter anderem beim Royal Edinburgh Military Tattoo im Rahmen des Edinburgh Festival. Die Sackpfeife besteht aus einem Luftsack und Spiel- und Bordunpfeifen. Den Dudelsack zu spielen erfordert jahrelange Übung und die Fähigkeit, mehrere Tätigkeiten gleichzeitig auszuführen.
Edinburgh	Schottische Hauptstadt und Sitz des schottischen Parlaments. Nach Glasgow ist Edinburgh die zweitgrößte Stadt des Landes. Sie wartet mit zahlreichen Sehenswürdigkeiten auf: Sehenswert sind zum Beispiel Edinburgh Castle, die Royal Mile, die Princess Street Gardens, Holyrood Palace und Arthur's Seat. Im Sommer wird die Stadt zum Schauplatz des Edinburgh Festival, einer spektakulären Reihe von Events.

Frittieren	Beliebte Zubereitungsart in der schottischen Küche. Fisch, Fleisch, Pasteten und Gemüse – es gibt fast nichts, was in Schottland nicht frittiert werden kann. Das geht so weit, dass man hier sogar frittierte Marsriegel kaufen kann. Doch auch in Schottland wächst das Bewusstsein für eine gesunde Ernährung, und so verschwinden frittierte Lebensmittel nach und nach von den Speisekarten.
Full Scottish breakfast	Großes, warmes Frühstück, das in der einen oder anderen Form in jedem Hotel und *B&B* angeboten wird. Es enthält neben Eiern, gebackenen Bohnen, Tomaten und Champignons typischerweise auch Speck, Würstchen, *haggis, black pudding* und vieles mehr – in der Regel also mehr, als ein Mensch zum Frühstück essen kann. Es empfiehlt sich deshalb, vorab einzelne Bestandteile auszuwählen.
Gälisch	Alte keltische Sprache, die bis heute in vielen Regionen Schottlands gesprochen wird. Sie ist Teil des reichen kulturellen Erbes der Schotten und äußerst klangvoll. Das Schottisch-Gälische ist mit dem Irisch-Gälischen verwandt und hat nichts mit den germanischen Sprachen gemein, was sie für uns besonders fremd und exotisch klingen lässt. Lieder und Gedichte in gälischer Sprache vermitteln einen Eindruck von der Schönheit dieser Sprache. Besonders verbreitet ist sie auf den Inneren und Äußeren Hebriden. Allerdings sprechen alle Schotten Englisch, sodass es nicht notwendig ist, gälische Vokabeln zu erlernen.
Gastfreundschaft	Zutiefst schottische Eigenschaft, die den Schotten seit jeher heilig ist. Im Gegensatz zum gängigen Vorurteil, die Schotten seien geizig, sind sie Gästen gegenüber äußerst großzügig und geben gerne, was sie haben. Deshalb fühlt man sich in schottischen Unterkünften oft, als sei man bei alten Freunden zu Gast.

Geiz	Gängigstes Vorurteil über die Schotten, das ihnen jedoch zutiefst unrecht tut. Sie sind nämlich alles andere als geizig, sondern lediglich sparsam und achtsam im Umgang mit Geld. Es ist historisch bedingt, dass die Schotten das, was sie haben, zusammenhalten und nichts verschwenderisch zum Fenster herauswerfen. Doch was sie haben, teilen sie gerne.
Glasgow	Größte Stadt Schottlands und mit ihren 600.000 Einwohnern die drittgrößte Metropole Großbritanniens. Die quirlige Universitätsstadt liegt am River Clyde und lohnt wegen ihrer lebendigen Kunst- und Kulturszene, den vielen Museen und Galerien und den Zeugnissen ihrer industriellen Vergangenheit einen Besuch. Sehenswert sind vor allem das Kelvingrove Art Gallery and Museum, das Museum of Modern Art, das futuristische Glasgow Science Centre, die Kathedrale von Glasgow und die City Chambers.
Golf	Der schottische Nationalsport. Schottland gilt als Heimat und Geburtsland des Golfsports – man blickt hier auf eine mehr als 600 Jahre lange Golftradition zurück. Einige der besten und bedeutendsten Golfplätze der Welt befinden sich auf schottischem Boden, allen voran in der Universitätsstadt St. Andrews, die als das eigentliche *Home of Golf* gilt. Hier spielt man auf altehrwürdigem Rasen, auf dem schon die ganz großen Legenden abgeschlagen haben.
Haggis	Das schottische Nationalgericht, das vollkommen zu Unrecht weltweit verpönt ist. Dahinter verbirgt sich Schafsmagen, der mit Herz, Leber, Lunge und Nierenfett vom Schaf sowie Zwiebeln und Hafermehl gefüllt wird. Dazu gibt es in der Regel *neeps and tatties,* also gestampfte Steckrüben und Kartoffeln.

Haggis Bomb	Mixgetränk, das in schottischen Bars weit verbreitet ist. Eine *Bomb* ist ein Shot, der aus zwei Drinks gemixt wird, im Fall der *Haggis Bomb* Jägermeister und Irn-Bru. Es handelt es sich um eine schottische Variation der *Jägerbomb,* die aus Jägermeister und einem Energydrink (meistens Red Bull) zubereitet wird. Um den schottischen Charakter zu unterstreichen, hat man sich bei der Namensgebung auf das Nationalgericht besonnen.
Hebriden	Inselgruppe vor der Westküste Schottlands. Man unterscheidet die Inneren Hebriden (u. a. Skye, Raasay, Mull, Iona, Staffa, Colonsay, Jura und Islay) und die Äußeren Hebriden (u. a. Lewis and Harris, die Inselgruppe Uist einschließlich Benbecula, Barra, Vatersay und St. Kilda). Viele der kleineren und kleinen Inseln sind unbewohnt und vom Tourismus noch vollkommen unberührt. Dabei findet man hier zum Teil wunderschöne Sandstrände, die fast karibisch anmuten. Das Inselleben ist von einer eher traditionellen Lebensweise geprägt, untereinander sprechen die Bewohner häufig noch Gälisch.
Highland Clearances	Vertreibung der Hochlandbewohner zugunsten der Viehzucht im 18. und 19. Jahrhundert. Sie betraf vor allem den Gälisch sprechenden Teil der Bevölkerung der Highlands, nämlich Kleinbauern und Pächter, die seit Generationen auf dem Land lebten, das jetzt von den Großgrundbesitzern für die Schafzucht verwendet werden sollte. Zu diesem Zweck wurden ihre Dorfgemeinschaften zerstört und Häuser niedergebrannt. Den Vertriebenen blieb oft nichts anderes übrig, als das Land zu verlassen. Zum Teil wurden sie gewaltsam auf die Auswandererschiffe in Richtung Amerika und Australien gebracht, zum Teil wanderten sie freiwillig aus, weil sie darin ihre einzige Chance sahen.

Highland Games	Traditionelles Event, das mit sportlichen Wettkämpfen und Aufführungen die schottische Kultur feiert. Historisch gesehen diente es den Clanchefs dazu, während der alljährlichen *gatherings* in diversen Wettbewerben die besten Krieger ihres Clans zu ermitteln. Heute messen sich die Männer nur noch zum Spaß im Baumstammwerfen *(tossing the caber)*, Hammerwerfen und Steinstoßen. Daneben gibt es Tanz- und Dudelsackwettbewerbe. Die *Highland Games* finden den ganzen Sommer über überall in Schottland statt.
Highlands	Das schottische Hochland. Geografisch gesehen ist damit der gesamte Nordwesten Schottlands, einschließlich der Inseln der Inneren und Äußeren Hebriden und der Orkneys, gemeint, der sich durch weitläufige Gebirge und Moorlandschaften auszeichnet. Unabhängig davon gibt es den Verwaltungsbezirk Highlands, einen von 32 schottischen Bezirken. Diese sogenannte *council area* umfasst nur einen Teil der geografischen Highlands und klammert die Äußeren Hebriden und Orkney aus.
How are you	Höfliche Floskel zur Begrüßung, die jedoch keine ausführliche Antwort erfordert. *»How are you«* ist mit einem einfachen *»Hi«* gleichzusetzen und stellt in den meisten Fällen keine tatsächliche Erkundigung nach dem Befinden dar. Man kann sie mit einem *»Fine, thanks«* oder mit einem *»How are you?«* erwidern oder einfach übergehen.
Humor	Schotten sind bekannt für ihren schwarzen Humor, in dem fast alles erlaubt ist. Brutal, respektlos, direkt – die Grenzen zur Geschmacklosigkeit sind dabei fließend. Das ist vor allem für deutsche Touristen, die immer sehr darauf bedacht sind, sich politisch korrekt zu verhalten und bloß nichts Falsches zu sagen, nicht immer einfach.

Inseln	Zu Schottland zählen mehr als 700 Inseln, viele davon klein, unbewohnt und vom Tourismus noch nicht erschlossen. Neben den 70 Orkneyinseln, von denen nur 18 bewohnt sind, zählen auch die Shetlandinseln und die Inneren und Äußeren Hebriden dazu. Die bekannteste schottische Insel ist die Isle of Skye, sie ist inzwischen aber vom Tourismus geradezu überrannt worden. Wer es ruhiger und abgeschiedener mag, findet auf den Äußeren Hebriden sein Paradies.
Inverness	Nördlichste Stadt Schottlands, auch das »Tor zu den Highlands« genannt. Sie liegt in Sichtweite der Berge an der Mündung des River Ness, der aus dem Loch Ness fließt, und hat deshalb eine wichtige Bedeutung für den Tourismus. Inverness ist ideal als Basis für Ausflüge in die Highlands oder um zwischendurch die Vorräte aufzufüllen und ein bisschen »Großstadtluft« zu schnuppern.
Irn-Bru	Umstrittener koffeinhaltiger Softdrink, neben dem Whisky so etwas wie das zweite schottische Nationalgetränk. Irn-Bru ist extrem süß und steht in der Kritik, für die schlechten Zähne vieler Schotten mitverantwortlich zu sein. Es wird seit 1908 von der A.G. Barr plc in Glasgow hergestellt – der Unternehmenslegende nach aus Stahlträgern. Das Unternehmen ist für seine witzige, kreative Werbung bekannt und betont immer wieder, dass Schottland dank Irn-Bru das einzige Land der Welt sei, das Coca-Cola die Stirn biete.
Jedermannsrecht	Altes Gewohnheitsrecht, das jedermann Zutritt zur Wildnis und deren Nutzung ermöglicht. Es wurde 2003 im *Land Reform (Scotland) Act* festgeschrieben und erlaubt es jedem Menschen, sich auf unkultiviertem, also unbebautem Land frei zu bewegen. Weideland und ausgewiesene Jagdreviere können nur mit Einschränkungen genutzt werden. Alle Einzelheiten sind im *Outdoor Access Code* nachzulesen.

Kilt	Traditionelle Kleidung schottischer Männer. Der knielange Rock, der aufwendig gewickelt und mit einer Fibel befestigt wird, wird aus gewebten Stoffen in den Farben und Mustern des jeweiligen Clans *(tartan)* hergestellt. Der Kilt, wie er heute getragen wird, entwickelte sich aus einem wesentlich größeren Stück Stoff, dem *belted kilt,* der mit einem Gürtel befestigt wurde, bei Bedarf aber auch als Mantel und Decke dienen konnte.
Linksverkehr	Größte Umstellung für Autofahrer in Schottland: Hier fährt man im Rechtslenker auf der linken Straßenseite. Das bedarf eines gewissen Maßes an Mut und Gewöhnung – vor allem in den Kreisverkehren, die die Schotten so sehr lieben. Hat man sich aber erst einmal daran gewöhnt, macht das Autofahren in Schottland jede Menge Spaß.
Midgies/ midges	Blutsaugende Stechmücken, die größte Plage Schottlands. Die *highland midge* ist zwar gerade mal zwei Millimeter groß, aber sie terrorisiert an warmen, feuchten Tagen die Menschen in den Highlands, in Mooren, an den Seen und Küsten. Anstatt zu stechen, beißen die Insekten ein Stück Haut heraus und pumpen dann mit Histamin versetzten Speichel in die Wunde, um die Blutgerinnung zu stoppen. *Midges* haben den ganzen Sommer über Saison, zum Teil bis spät in den Herbst hinein.
Nessie	Das Ungeheuer von Loch Ness. Seit dem Jahr 565 gab es immer wieder Berichte über Monstersichtungen am Ufer des Sees. Beschrieben wird Nessie als großes Tier mit einem langen Hals und einem kleinen Kopf, ähnlich eine, Plesiosaurus. Theorien darüber, wie das Tier bzw. die Tiere in den Loch gelangt sind und dort weitgehend unbeobachtet überleben konnten, gibt es viele. Eindeutige Beweise ihrer Existenz konnten bis heute jedoch allen Bemühungen zum Trotz nicht erbracht werden.

Orkney	Inselgruppe an der Nordküste von Schottland. Neben der Hauptinsel Mainland zählen 70 weitere kleine Inseln zu dem Archipel. Für Touristen lohnt Orkney vor allem wegen seiner prähistorischen Kultstätten einen Besuch. Zum UNESCO-Weltkulturerbe The Heart of Neolithic Orkney gehören der legendäre Ring of Brodgar, die Stones of Stenness und die Siedlung Skara Brae.
Outlander	Fantasy-Fernsehserie, basierend auf den Büchern der Highland-Saga von Diana Gabaldon. Sie erzählt die Liebesgeschichte von Claire, die durch einen Steinkreis 200 Jahre in die Vergangenheit reist, und dem Highlander Jamie am Vorabend der Schlacht von Culloden. Verfilmt wurden die Bücher von Ronald D. Moore mit Caitriona Balfe und Sam Heughan in den Hauptrollen.
Passing places	Haltebuchten am Straßenrand, die das Überholen oder Passieren zweier Autos ermöglichen sollen. In der Regel werden sie auf engen, einspurigen Straßen eingerichtet, auf denen sich beide Fahrtrichtungen eine Spur teilen. *Passing places* erfordern unbedingt gegenseitige Rücksichtnahme und Höflichkeit.
Pub	Soziales Zentrum jeder schottischen *community*. Hier treffen sich bis heute die Bewohner jedes Dörfchens, Örtchens oder Städtchens und tauschen Neuigkeiten aus, treffen Freunde und Nachbarn, trinken, hören Livemusik und tanzen. In Schottland ist es üblich, im Pub Runden auszugeben. Dabei bestellen die Mitglieder einer Gruppe nacheinander Drinks für alle, sodass jeder einmal an der Reihe ist. Es gilt als äußerst unhöflich, sich nicht daran zu beteiligen.
Scones	Teegebäck, das in der Regel mit Marmelade und reichlich *clotted cream* zur Teatime gereicht wird. Es gibt *scones* mit Rosinen oder anderen Früchten oder *plain scones* ohne alles.

Skigebiete	Entgegen einer weit verbreiteten Annahme ist Schottland sehr wohl ein Reiseziel für den Winter. Fünf Skigebiete laden zum Wintersport ein und locken sowohl mit familienfreundlichen Pisten als auch mit aufregenden *off-piste*-Abenteuern im unberührten Tiefschnee.
Small Talk	Gesellschaftliche Konvention, die die Schotten meisterlich beherrschen. Das Wetter ist dabei ein allseits beliebter Gesprächsgegenstand. Bis sich die Schotten auf eine tiefergehende Unterhaltung auf persönlicher Ebene einlassen, dauert es oft länger, als wir es in Deutschland gewohnt sind. Bis dahin lassen sie das Gespräch gerne an der Oberfläche treiben.
Tartan	Webmuster für Stoffe, das die Zugehörigkeit zu einem bestimmten Clan anzeigt. Zu sehen ist der *tartan* auf Kilts, Plaids, Jacken und Mützen der Schotten. Jeder *tartan* zeichnet sich durch ein individuelles Karomuster und eine eigene Farbkombination aus. Schon geringe Abweichungen des Musters können auf die Zugehörigkeit zu einem anderen Unterzweig der Familie hinweisen. Festgelegt wird das Aussehen des *tartan* seit jeher durch den jeweiligen *clan chief,* der ihn damit verbindlich für alle Mitglieder vorschreibt.
Tee	Das Standardheißgetränk in Schottland. Wann immer man in Deutschland eine Tasse Kaffee anbieten würde, bietet man hier Tee an. Das hat in Schottland eine lange Tradition und stellt zugleich einen idealen Einstieg in jede Unterhaltung dar. Serviert wird der schwarze Tee in der Regel mit Milch und Teegebäck, etwa *shortbread.*

Tourismus	Der Tourismus hat in Schottland in den letzten Jahren einen gewaltigen Boom erlebt. Das liegt unter anderem an TV-Produktionen wie *Outlander* und an Kinofilmen wie *BFG – Big Friendly Giant.* Doch die schottische Infrastruktur hat es vielerorts nicht geschafft, schnell genug mitzuwachsen. Besonders heftig sind die Auswirkungen davon auf der Isle of Skye zu spüren. Besucher sind deshalb dazu angehalten, sich respektvoll und achtsam zu verhalten und Land und Leute nicht unnötig zu strapazieren.
Unabhängigkeit	Die Unabhängigkeit von England ist in Schottland immer wieder ein heiß diskutiertes Thema. Von 843 bis 1707 war das Königreich Schottland unabhängig. Seit 1603 wurde es bereits mit England gemeinsam regiert, 1707 wurden beide Länder im Vereinigten Königreich von Großbritannien zusammengeführt. Seitdem strebten in Schottland immer wieder Kräfte nach der Unabhängigkeit, zuletzt im Referendum von 2014, in dem jedoch eine knappe Mehrheit (55,3 Prozent der Wähler) gegen die Unabhängigkeit stimmte. Nach dem Brexit gibt es nun Überlegungen für ein neues Referendum. Seit 1999 hat Schottland ein eigenes Parlament mit Sitz in Edinburgh.
Vorname	In Schottland ist es üblich, sich gegenseitig mit dem Vornamen anzureden, und das sowohl im privaten als auch im beruflichen Kontext. Doch nur, weil man den anderen nicht mit seinem Nachnamen anspricht, heißt das noch nicht, dass man im Deutschen »per Du« mit ihm wäre. Im Gegenteil: Schotten brauchen oft deutlich länger, bis sie eine so intime Beziehung aufgebaut haben.

Wandern in den Highlands	Beliebte Freizeitaktivität unter Aktivurlaubern und Outdoorenthusiasten, bei der die Schönheit des schottischen Hochlands zu Fuß erkundet wird. Neben Tagestouren sind auch Mehrtagestouren (z. B. der West Highland Way) sehr beliebt. Allerdings sollten die Highlands nicht unterschätzt werden. Obwohl die Berge vergleichsweise niedrig sind, kann das Wandern hier gefährlich werden. Die Website Walkhighlands hat die wichtigsten Verhaltensregeln in ihrer Broschüre *Mountain Skills and Safety* zusammengefasst.
Wetter	Größter Unsicherheitsfaktor in einem Schottlandurlaub und eines der liebsten Gesprächsthemen der Schotten. Das Wetter in Schottland ist unberechenbar: Es kommt nicht selten vor, dass man an einem Tag mehrere Jahreszeiten durchlebt, weshalb angemessene Kleidung und richtige Vorbereitung wichtig sind. In der Regel ist das Wetter hier aber deutlich besser als sein Ruf. So gibt es jeden Sommer auch warme und trockene Phasen. Die beste Reisezeit ist im Mai, bevor es richtig warm wird und die *midgies* die Küsten erobern.
Whisky	Das schottische Nationalgetränk, im Gälischen *uisge beatha* (»Wasser des Lebens«). Die Spirituose wird durch Destillation aus Getreidemaische gewonnen. Schottischer Whisky wird auch als *scotch* bezeichnet und variiert je nach Herkunftsregion in Geschmack und Charakter. Die Whiskys aus der Speyside sind eher mild, vollmundig und fruchtig, während die Whiskys von der Küste häufig etwas schärfer und rauchiger schmecken. Unterschieden werden *blended whiskys* und *single malt whiskys.* Bei Whiskyverkostungen und Brennereiführungen kann man die Unterschiede kennenlernen und seine persönlichen Favoriten entdecken.

Eine Ode an das Moin

Nach dem Abi zieht Sonja aus dem Ländle nach Leer, um beim *Oostfresen-Blattje* ihr Volontariat zu absolvieren. Über die Einheimischen – und ihre Eigenarten – hat sie sich vorher nicht informiert. Ostfriesland ist schließlich ein Teil von Deutschland, so anders kann es da gar nicht sein.

Wie sehr sich Sonja doch irrt! Zum Glück schließt sie schnell Freundschaft mit Grietje, die sie so manches Mal davor bewahrt, ins nächste Fettnäpfchen zu hüpfen. Mit der Zeit scheint Sonja die neue Heimat gar nicht mehr so fremd – sie ertappt sich sogar dabei, wie sie ihren heiß geliebten Kaffee am Morgen gegen Ostfriesentee mit Wulkjes eintauscht.

Sylvie Gühmann
Fettnäpfchenführer Ostfriesland
Eine Ode an das Moin

ISBN 978-3-95889-256-9
ISBN 978-3-95889-297-2

CON
BOOK.

Die Reiseabenteuer einer Hochsee-WG

Christopher David
Die Wellenbrecher
Abenteuer einer Studenten-Crew auf Weltreise

ISBN 978-3-95889-207-1
ISBN 978-3-95889-274-3

Was passiert, wenn man 200 Studenten aus 40 Ländern an Bord eines Ozeanliners zusammenpfercht und auf Weltreise von Athen bis nach Shanghai schickt? Statt zu lernen, stürzen sie sich ins Abenteuer – sei es quer durch den Dschungel der Bord-Beziehungen oder quer durch den Dschungel von Panama.

Mittendrin: der Kölner Mark Herfurt, der es sich bislang in seinem heimeligen Leben bequem gemacht hat und von der großen Welt völlig überfordert ist. Doch nach und nach findet er echte Freunde in der illustren Bordgemeinschaft. Mit ihrer Hilfe macht er sich zwischen Hochsee-Hörsaal, Tahitis Stränden und Chinas Megacitys auf die Suche nach seinem Platz auf dem blauen Planeten.

CON BOOK.

Mut zur Lücke – der geilsten Lücke im Lebenslauf!

Er wurde angeschossen und ausgeraubt, durchsegelte einen Hurrikan auf dem Pazifik, war als Schmuggler unterwegs, wurde verhaftet und verdiente ein paar Dollar als Stripper in Las Vegas – Nick Martin hat in sechs Jahren knapp 60 Länder auf fünf Kontinenten bereist und damit mehr fürs Leben gelernt als mit jeder noch so steilen Karriere.

Aus all diesen Erfahrungen hat Nick ein besonderes Werk erschaffen: Gemeinsam mit der Berliner Autorin Anita Vetter hält er sein Leben in einem erzählerischen Bildband fest.

Nick Martin
Die geilste Lücke im Lebenslauf
6 Jahre Weltreisen

ISBN 978-3-95889-249-1
ISBN 978-3-95889-273-6

CON BOOK.